LES LUSIADES.

ON TROUVE CHEZ LES MÊMES LIBRAIRES LES OUVRAGES SUIVANTS DU MÊME AUTEUR :

Histoire générale des Temps modernes, 3 vol. in-8º, 4e édition.

OEuvres d'Horace, traduites en vers français, 4 vol. grand in-18.

Childe-Harold, traduit en vers français, 1 vol. grand in-18.

AVALLON, IMPRIMERIE DE HERLOBIG.

LES
LUSIADES,

POËME DE CAMOENS,

TRADUIT EN VERS

PAR F. RAGON.

A PARIS,

Chez { Ch. Gosselin, libraire, rue Saint-Germain-des-Prés, 9.
L. Hachette, libraire, rue Pierre-Sarrazin, 12.

1842.

AVERTISSEMENT.

Je m'étais proposé d'abord de joindre à cette traduction des Lusiades, les biographies du Camoëns et de Vasco de Gama, un précis de l'histoire des Portugais au moyen âge et de leur établissement dans les Indes, et des notes détaillées sur cette multitude d'indications mythologiques et géographiques que l'auteur, non moins érudit que poète, a semées dans son épopée. Mais, considérant qu'à notre époque dédaigneuse de toute œuvre d'art et de style, mon livre ne sera lu que de ce petit nombre d'hommes instruits qui apprécient encore les études sérieuses et patientes, je me dispense de leur présenter des notices qui ne leur apprendraient rien, et je me borne à de courtes explications sur le travail que je soumets à leur jugement.

Une critique paradoxale s'est quelquefois élevée de nos jours contre les traductions en vers, et a soutenu que les poètes devaient être traduits en prose, sous prétexte que les difficultés de la versification forcent un traducteur à de nombreuses infidélités, et que la prose seule peut rendre complètement tous les détails de l'auteur original. Une telle opinion ne supporte pas l'examen. Quand un poète traduit un poète, s'il ne rend point matériellement le mot pour le mot, il rend le rythme, le nombre, la cadence; sa lyre redit les sons d'une autre lyre, non pas peut-être note pour note, mais avec la même mélodie, avec la même expression musicale. Que deviennent dans la prose ce mouvement, cet accent, ces effets poétiques? Le prosateur expose le sens littéral de l'auteur qu'il traduit; le poète en reproduit de plus l'allure et la forme. Celui-ci est, jusqu'à un certain point, l'émule de son modèle; celui-là n'en est que le truchement.

Si jamais poète dut être traduit en vers, c'est incontestablement le Camoëns. Quelques grands poëmes, la *Jérusalem délivrée*, le *Roland furieux*, par exemple, qui joignent à la perfection du style une féconde variété d'événements merveilleux et d'aventures romanesques, présentent un intérêt indépendant de la beauté des vers et qui peut se conserver dans la prose. Mais il n'en est pas ainsi du poëme des Lusiades. La contexture en est très-simple et peut-être faible, la marche historique, le merveilleux emprunté aux croyances éteintes du paganisme, et dès-lors mal assorti à un sujet moderne et chrétien. Ce poëme n'intéresse ni par la multiplicité des incidents, ni par la diversité et l'éclat des caractères. J'irai plus loin; il est, en quelque sorte, moins une épopée qu'un chant national, un hymne patriotique en l'honneur des héros lusitaniens; et cet hymne, qui transporte les Portugais non moins par le panégyrique des exploits de leurs ancêtres que par la richesse de la versification, ne peut guère avoir pour les étrangers que ce dernier attrait. C'est pour cela que le Camoëns traduit en prose nous attache peu, et que la poésie seule a quelque chance de lui conserver chez nous une partie de l'intérêt qu'il excite en Portugal.

Si son esprit exclusivement portugais et l'absence des grandes passions, des ressorts dramatiques, des péripéties inattendues s'opposent à la popularité de son œuvre chez les étrangers, ce n'en est pas moins une œuvre du premier ordre et qui mérite l'admiration des connaisseurs. La fiction du génie des tempêtes, la personnification du Gange, les Néréides sauvant les vaisseaux portugais, la description de l'île enchantée prouvent que l'imagination du Camoëns n'était point étouffée sous le bagage classique dont il est parfois trop chargé. Il y a dans ses récits de batailles quelque chose de la grandeur d'Homère; la sensibilité de Virgile respire dans l'épisode d'Inez. Les exhortations ou les reproches que le poète, dans l'ardeur de son patriotisme, adresse à ses concitoyens, sont souvent animés de la plus vive éloquence. Les retours qu'il fait sur sa destinée, sur ses misères, sur son talent méconnu, sont empreints d'une profonde et poétique mélancolie. Enfin, il possède au plus haut degré le mérite qui fait vivre les ouvrages, celui du style. L'auteur des Lusiades est donc, malgré des défauts palpables, un des génies les plus distingués que l'Europe moderne puisse opposer à ceux de l'antiquité.

J'ai toujours pensé, et je pense encore, qu'un traducteur doit reproduire exactement son modèle et ne point avoir la présomption de le corriger, entreprise hasardeuse et ordinairement tentée avec peu de succès par ceux qui s'y sont aventurés. J'ai donc traduit les Lusiades avec la même fidélité dont je m'étais déjà fait une loi dans mes traductions précédentes. Cependant, mon travail terminé, il m'a semblé que le poëme gagnerait au retranchement de certains passages évidemment défectueux que j'ai renvoyés dans les notes. J'espère que je n'en serai point blâmé. Je n'ai introduit dans le poëme aucun élément étranger ; j'en ai seulement effacé quelques traits qui çà et là pouvaient nuire à son intérêt et diminuer l'effet de ses beautés. En cela j'ai suivi les conseils d'un guide illustre ; le brillant interprète d'Ossian et du Tasse, qui m'accueille avec amitié dans la retraite où sa muse s'ensevelit depuis trop longtemps, a bien voulu m'éclairer de son expérience. Reconnaissant de ses avis, heureux de son suffrage, je le prie d'agréer, comme le tribut d'un disciple à son maître, l'hommage d'un livre que ses encouragements me déterminent à publier.

LES LUSIADES.

CHANT PREMIER.

Je dirai, si le ciel seconde mon génie,
Les combats, les héros de la Lusitanie, (1)
Qui, s'ouvrant sur les mers des passages nouveaux,
Par delà Taprobane ont guidé leurs vaisseaux,
Et qui par des efforts de valeur plus qu'humaine
Ont sur ces bords lointains établi leur domaine.
Je célèbre ces rois valeureux et chrétiens,
De la foi, de l'empire invincibles soutiens,
Et qui, de leur audace effrayant l'infidèle,
Ont conquis à leurs noms une gloire immortelle.
Qu'un souffle d'Apollon respire dans mes vers;
Le bruit de leurs hauts faits remplira l'univers.

Qu'on cesse de vanter à la terre étonnée
Les voyages fameux et d'Ulysse et d'Enée.
Alexandre, Trajan, que vos pompeux exploits
Cessent de fatiguer la déesse aux cent voix.
Héros, divinisés par l'antique Parnasse,
Cédez à des héros dont l'éclat vous efface,
Aux enfants de Lusus dont les fiers étendards
Furent partout chéris de Neptune et de Mars.

Et vous, Nymphes du Tage, à qui je dois la flâme
Et les brûlants transports dont s'embrâse mon âme,
Si dans mes humbles vers j'ai d'abord célébré
Le cours majestueux de votre flot sacré,
Aujourd'hui donnez-moi des accords magnifiques,
De sublimes accents pour des faits héroïques;
Que, longtemps orgueilleux de l'emporter sur vous,
Le flot castalien de vos flots soit jaloux.
Loin de moi des bergers la flûte languissante;
Donnez-moi du clairon la voix retentissante,
Et ces terribles sons qui de nobles fureurs
Au signal des combats font tressaillir les cœurs;
Donnez-moi des accents dont la puissance égale
De votre nation la valeur sans rivale;
Qu'ils volent répandus et chantés en tous lieux,
Si mon luth peut prétendre à ce prix glorieux.

Et toi, le gage heureux de notre indépendance
Et de la chrétienté la plus sûre espérance,
Merveille de nos jours, terreur de l'Africain,
Qui fuit envain les coups de ta vaillante main;
Prince choisi de Dieu, dont le bras te seconde,
Pour soumettre à ses lois une moitié du monde; (2)
Grand roi, dont les états contemplent le soleil,
Soit que son front se lève à l'Orient vermeil,
Soit que du haut des cieux son char se précipite
Vers les palais d'azur où l'attend Amphitrite;
Toi qui, nous l'espérons, sous l'effort de ton bras
Dois du croissant impur abattre les soldats,
Et, domptant d'Ismaël les hordes effrénées,
Délivrer du Jourdain les ondes profanées :

Daigne abaisser vers moi ton front majestueux
Et ce regard déjà brillant des mêmes feux
Dont tes yeux lanceront les vives étincelles,
Quand le ciel t'ouvrira ses portes éternelles.

Souris à ces accents que m'inspire en ce jour
De mon noble pays le pur et saint amour.
Le chanter dignement est la gloire où j'aspire;
Le vil espoir du gain n'a point monté ma lyre;
Je me propose un but qui plaît à ma fierté,
L'honneur de ma patrie et l'immortalité.
Ecoute; mes récits vont te faire connaître
La grande nation dont tu naquis le maître;
Juge si ton orgueil doit être plus jaloux
De régner sur le monde ou de régner sur nous.

Je ne vanterai point des palmes mensongères,
Comme en vont célébrant les Muses étrangères,
Qui, pour se rehausser aux yeux des nations,
Décorent leurs récits de vaines fictions.
La vérité chez nous va plus loin que la fable,
Et de nos Portugais la valeur indomptable
De tous ces paladins, si vantés autrefois,
Des Roger, des Roland surpasse les exploits.
Au lieu de tous ces preux, que récuse l'histoire,
D'un Moniz, d'un Fuas je te peindrai la gloire;
Je dirai ce Nuno, dont le chantre d'Hector
Seul parmi les hasards pourrait suivre l'essor;
Ces douze chevaliers, appui des damoiselles,
Qu'Albion vit joûter pour l'honneur de ses belles,
Et ce navigateur, rival heureux d'Hannon,
Ce Gama, qui d'Énée a passé le renom.

Si tu veux des héros dont la mémoire égale
La gloire des vainqueurs de Tours ou de Pharsale,
Dans Aljubarota vois l'intrépide Jean
Terrassant sous ses coups l'orgueilleux Castillan ;
Vois Alfonse premier, fléau des infidèles,
Conquérant d'Ourika les palmes immortelles,
Et trois Alfonse encor, ses vaillants héritiers,
De leurs lauriers nouveaux accroissant ses lauriers.

Ils sont dignes aussi des tributs du Parnasse,
Ceux qu'aux rives du Gange entraîna leur audace
Et dont l'Asie a vu les hardis étendards
Flotter victorieux sur cent et cent remparts,
Ces grands Almeïda que pleure encor le Tage,
Des Lopez, des Castro le généreux courage,
Le terrible Albuquerque, et tous ces Portugais
Dont les noms à l'oubli n'appartiendront jamais.

En attendant le jour où ma voix moins timide
Osera célébrer leur valeur intrépide,
Prélude, noble Prince, à ton règne immortel
Et prépare à mes chants un sujet solennel.
Que les mers d'Orient et les plages d'Afrique
De tes vaillants guerriers, de ton peuple héroïque
Commencent à sentir l'indomptable courroux,
Et que l'univers tremble au seul bruit de tes coups.
Lisant dans tes regards ta prochaine conquête,
Le Maure épouvanté déjà courbe la tête.
Le Barbare idolâtre, à ta voix frémissant,
Incline sous le joug son front obéissant.
Téthys, de tes beaux traits admirant la noblesse,
Contemple avec amour ta royale jeunesse ;

Elle t'offre sa fille et veut subir ta loi,
Fière de conquérir un gendre tel que toi.
Deux héros (3) qui longtemps ont brillé sur la terre,
L'un fameux dans la paix et l'autre dans la guerre,
Espérant voir en toi renaître tes aïeux,
Veillent du haut du ciel sur tes jours précieux.
Leur regard te sourit, noble enfant de leur race,
Et dans l'éternité déjà marque ta place.
S'il est lent à venir, le jour où tu pourras
Commander par toi-même et régir tes états,
Tu peux, dès aujourd'hui, protecteur de ma lyre,
Encourager ces vers que mon pays m'inspire.
De tes fiers Portugais, Argonautes nouveaux,
Sur les flots blanchissants vois voler les vaisseaux;
Que des mers sous tes yeux ils bravent la colère,
Et pour nous dès ce jour sois un dieu tutélaire.

Leurs navires déjà d'un cours précipité
Du superbe Océan fendaient l'immensité.
Dans la voile tendue un doux zéphir se joue;
L'onde amère jaillit à l'entour de la proue.
Les Dieux en ce moment dans l'Olympe étoilé,
Où le sort des humains par leur choix est réglé,
Foulant du ciel d'azur les voûtes fortunées,
Allaient de l'Orient peser les destinées.
Jupiter, par la voix du petit-fils d'Atlas,
Les avait convoqués pour ces graves débats.
Ils ont abandonné les sphères éthérées
Que le pouvoir suprême à leurs soins a livrées,
Pouvoir dont la pensée aux astres éclatants,
A la terre, à la mer commande en même temps.

A ces divinités bientôt se réunissent
Les Dieux à qui le sud et le nord obéissent,
Les gardiens des climats où naît l'astre des jours,
Et des bords où dans l'onde il va finir son cours.
Sur un trône entouré d'étoiles flamboyantes
Siège le Dieu puissant dont les mains foudroyantes
Lancent du haut des cieux les carreaux de Vulcain.
Son maintien est sévère, imposant, souverain.
Autour de lui circule une odeur d'ambroisie
Qui rendrait immortelle une mortelle vie.
Son sceptre, sa couronne, augustes ornements,
Surpassent en éclat le feu des diamants.
Au-dessous du grand Dieu qui lance le tonnerre,
Selon leur dignité dans la céleste sphère,
Sur des trônes d'or pur éblouissant les yeux,
Dans leur ordre placés, siégent les autres Dieux.
Jupiter, s'adressant à la cour immortelle,
Fait entendre ces mots d'une voix solennelle :

« Du radieux Olympe éternels habitants,
Des enfants de Lusus les exploits éclatants
Sans doute sont toujours présents à vos pensées.
Le destin, si j'en crois leurs victoires passées,
Leur donne d'effacer par des faits plus qu'humains
Les Mèdes, les Persans, les Grecs et les Romains.
La terre les a vus, faibles dans l'origine,
Grandir par leur valeur indomptable et divine;
Ravir aux Sarrazins, leurs superbes rivaux,
La terre que le Tage arrose de ses eaux,
Braver du Castillan les phalanges altières
Et partout en triomphe arborer leurs bannières.

Devant vous en ce jour je n'évoquerai pas
L'antique souvenir de leurs fameux combats,
Quand, sous Viriathus, leur noble résistance
Des Romains étonnés fatiguait la puissance;
Et l'honneur immortel dont leur nom se couvrit,
Quand ils étaient guidés par l'illustre proscrit,
Qui, joignant au courage une fraude sacrée,
Feignait de consulter une biche inspirée.
Voyez-les maintenant, hardis navigateurs,
Affrontant le courroux des autans destructeurs,
Confier leurs destins aux caprices des ondes,
Et des lieux où Phœbus dans les plaines profondes
Précipite son char à la fin de son tour,
S'élancer sur les flots jusqu'au berceau du jour.
Le destin (sa promesse est un gage infaillible)
Assure un long empire à leur race invincible
Sur les lointaines mers et sur les nations
Qu'éclaire le soleil de ses premiers rayons.
L'hiver contre leurs nefs a déchaîné l'orage :
Après tant de périls qu'a bravé leur courage,
N'est-il pas temps enfin de leur montrer ces bords,
L'objet de leurs désirs, le but de leurs efforts?
Des vents, des flots jaloux l'injuste résistance
Assez et trop longtemps éprouva leur constance :
Que l'Afrique aujourd'hui, telle est ma volonté,
Leur offre les douceurs de l'hospitalité;
Et, réparant leurs nefs par l'hiver affaissées,
Qu'ils suivent sur les flots leurs courses commencées.»

Ainsi parle des Dieux le maître souverain.
Les uns de Jupiter approuvent le dessein;

D'autres aux Portugais se déclarent contraires.
Bacchus poursuit en eux de vaillants adversaires,
Par qui l'Inde oubliera son nom jadis vanté,
Si le champ reste ouvert à ce peuple indompté.
Il apprit du destin qu'une race aguerrie
Viendra des bords lointains de l'antique Hespérie
Et qu'à leurs pavillons ses superbes vaisseaux
De l'océan de l'Inde asserviront les eaux.
Il sait que leurs exploits éclipseront la gloire
Des exploits dont Nysa conserve la mémoire.
Il a jusqu'à ce jour possédé sans rival
Ce titre de vainqueur du monde oriental;
Mais il craint désormais que sa palme avilie
Au gouffre de l'oubli ne soit ensevelie,
Si les fils de Lusus, triomphateurs nouveaux,
Vont aux rives du Gange arborer leurs drapeaux.

Des guerriers portugais Vénus prend la défense;
De ce peuple héroïque elle aime la vaillance;
Sur les bords Africains elle a vu quels combats
Au Musulman farouche ont livré ses soldats;
De ses Romains si chers il a le fier courage
Et l'esprit belliqueux et presque le langage.
Un intérêt d'ailleurs plus doux et non moins fort
L'attache aux Portugais; car les arrêts du sort
Portent que la beauté deviendra souveraine,
Partout où ces héros étendront leur domaine.

C'est ainsi que Vénus pour accroître ses droits,
Bacchus pour assurer ses honneurs d'autrefois,
L'un à l'autre opposés, débattent leur querelle
Et partagent des dieux l'assemblée immortelle.

Tels qu'en leur vaste essor les noirs tyrans de l'air,
L'impétueux Borée ou l'orageux Auster,
Ébranlent sur les monts une forêt sauvage,
Des arbres mutilés dispersent le feuillage
Et dans la profondeur des rochers et des bois
Roulent avec fracas leur mugissante voix :
Tels résonnaient au loin dans la sphère étoilée
Les solennels accents de l'auguste assemblée.

Mars pour les Portugais combat avec chaleur :
Soit que sa sympathie honore leur valeur,
Soit que secrètement son ancienne tendresse
Se rallume en son cœur pour la belle déesse,
Entre les immortels il s'est levé soudain,
L'œil ardent de courroux, le front sombre et hautain.
De son casque superbe il hausse la visière;
De sa main irritée il rejette en arrière
Son large bouclier, puis, menaçant et fier,
D'un pas impétueux il marche à Jupiter,
Et du trône où le Dieu siégeait dans sa puissance
Il frappe les degrés de sa terrible lance :
Le ciel en retentit, et Phœbus un instant
Sent trembler ses rayons sur son front pâlissant.

« Père des immortels, dit le Dieu de la guerre,
Arbitre souverain du ciel et de la terre,
Qui des fils de Lusus admiras tant de fois
Et l'audace héroïque et les brillants exploits,
De l'ennemi jaloux qu'irrite leur courage
Ta sévère équité condamne le langage.
Par son aveugle effroi s'il n'était égaré,
Contre les Portugais serait-il déclaré?

N'abjurerait-il pas de honteuses alarmes,
En songeant que Lusus fut son compagnon d'armes ?
Toutefois, qu'il se livre à ses bouillants transports ;
Nous ne redoutons pas ses impuissants efforts ;
Vainement contre nous se déchaîne sa rage :
Le ciel a prononcé par les guerriers du Tage.
Tout-puissant Jupiter, ferme en tes volontés,
Persévère aux desseins dans ton âme arrêtés ;
Le fort ne change pas ; l'inconstance est faiblesse.
Ordonne, et que des vents surpassant la vîtesse,
Plus rapide qu'un trait, le messager des cieux
Descende sur la flotte et la conduise aux lieux
Où doit un peuple ami l'accueillir avec joie
Et lui montrer vers l'Inde une nouvelle voie. »

Ainsi parle le Dieu qui préside aux combats.
Jupiter, mettant fin à ces bruyants débats,
Lui donne, en abaissant sa tête vénérable,
De son consentement le signe favorable.
De son auguste front dans le ciel étoilé
Un parfum d'ambroisie au loin s'est exhalé.
Tout l'Olympe aussitôt devant son roi s'incline.
Loin du palais qu'emplit sa majesté divine,
Par les brillants sentiers du séjour radieux
Vers leurs sphères alors s'acheminent les dieux.

Cependant, sur les flots poursuivant sa carrière,
Des hardis Portugais la nation guerrière
Entre Madagascar et les bords Africains
Suivait vers l'Orient sa route et ses destins.
Le soleil enflammait au haut de l'Empyrée
Le signe qu'y plaça la belle Cythérée.

Aux voiles des vaisseaux souffle un zéphir joyeux
Qui semble conspirer aux volontés des cieux.
La mer est sans péril et l'air est sans nuage.
Déjà du cap Prason ils doublaient le rivage,
Quand Neptune à leurs yeux découvre des îlots
Qu'il allait entourant et lavant de ses flots.
Gama, l'illustre chef de la grande entreprise,
Gama, que le destin protège et favorise,
Sans visiter ces bords qui lui semblent déserts
Allait suivre sa route au sein des vastes mers.
Soudain il voit sortir de l'une de ces îles
Au souffle heureux des vents des nacelles agiles.
De joie à cet aspect frémissent tous les cœurs.
Quels sont de ces mortels les usages, les mœurs ?
Se dit-on à l'envi, l'œil fixé sur la rive
D'où ces barques voguaient vers la flotte attentive.
Leur forme longue, étroite et propre au mouvement
Hâtait leurs bonds légers sur l'humide élément.
De feuilles de palmiers, au lieu de blanches toiles,
Un art grossier encore a composé leurs voiles.
On voit sur les fronts noirs à des signes certains
De quels feux Phaéton brûla ces bords lointains,
Quand, du char d'Apollon conducteur téméraire,
En croyant l'éclairer, il embrâsa la terre ;
L'Éridan de son char vit fumer les éclats,
Et Phaëtuse encor gémit de son trépas.
Le coton doux et tendre a pour ces insulaires
Changé ses fils soyeux en étoffes légères.
On voyait à l'entour de leurs corps demi-nus
En ceinture, en écharpe ondoyer ces tissus.
Portant le cimeterre et le turban du Maure,
Ils naviguaient au bruit de l'anafil sonore.

La flotte au devant d'eux se hâte à leurs signaux
Et croit voir sur ces bords la fin de ses travaux.
On abaisse la vergue et les voiles flottantes
Et l'ancre ouvre à grand bruit les ondes écumantes.

Les vaisseaux au rivage à peine étaient fixés,
Les habitants joyeux, aux cordages hissés,
S'empressent à l'entour des vaillants Argonautes.
Vasco d'un doux accueil encourage ses hôtes.
Les tables aussitôt se dressent devant eux ;
Dans la coupe à flots purs coule un vin généreux,
Et le brillant nectar que Bacchus leur envoie
Sur leurs fronts basanés fait rayonner la joie.
« D'où venez-vous ? Quels bords ont quitté vos vaisseaux ? »
Disaient aux Portugais leurs convives nouveaux ;
(Leur langage est celui que parle l'Arabie).
« Quels flots a parcourus votre escadre hardie ? »
L'amiral leur répond avec simplicité :
« Aux lieux où du soleil disparaît la clarté
Le Tage sur ses bords vit croître notre enfance.
Nous cherchons les climats où le jour prend naissance.
Du nord jusqu'au midi, nous avons visité
La mugissante mer dont le flot redouté
Assiége incessamment les rivages d'Afrique ;
Nous avons affronté les ardeurs du tropique.
Ainsi le commandait le plus chéri des rois,
Dont toujours les désirs furent pour nous des lois
Et qui de Satan même, à sa voix souveraine,
Nous verrait envahir le ténébreux domaine.
C'est lui qui nous envoie aux bords orientaux
Que le Gange et l'Indus arrosent de leurs eaux,

Et qui nous fait braver cette mer sans limite,
Trop longtemps réservée aux troupeaux d'Amphitrite.
Mais vous, si dans ces lieux règne la vérité,
Dites, à votre tour, avec sincérité,
Qui vous êtes, quel sang du vôtre fut la source
Et quel chemin conduit au but de notre course. »
— « Nous sommes étrangers dans les lieux que tu vois ;
Leur peuple primitif est sans culte et sans lois.
Mais la nôtre est la loi du sage de Médine,
Qui tire d'Abraham son illustre origine,
Et, de la destinée instrument glorieux,
Sur l'univers soumis règne victorieux.
Mozambique est le nom que l'on donne à cette île ;
Aux nochers Africains elle est un lieu d'asile.
Loin des bords plus connus où nous vîmes le jour,
Le commerce en ces lieux fixa notre séjour.
Vous, qui de l'Hespérie avez quitté la plage
Pour aller chercher l'Inde et son brûlant rivage,
Vous trouverez ici des marins préparés
A guider vos vaisseaux vers ces bords ignorés.
Mais à vous reposer ce climat vous invite.
De notre gouverneur attendez la visite ;
Car sans doute il viendra, de sa cour escorté,
Vous offrir les présents de l'hospitalité. »

Les Maures, à ces mots, rentrent dans leurs nacelles,
Emportant d'amitié des marques mutuelles.
Cependant le soleil, éteignant son fanal,
Avait plongé ses feux au flot occidental ;
Sa sœur le remplaçait dans la sphère éthérée
Et d'étoiles sans nombre y marchait entourée.

Aux héros Portugais, malgré leurs longs travaux,
Cette nuit du sommeil refusa les pavots.
Les uns croyaient déjà voir la route aplanie
Aux vaisseaux fortunés de la Lusitanie.
D'autres réfléchissaient au bizarre destin
Qui choisissait ce peuple infidèle et lointain,
Esclave des erreurs qu'Yatreb vit éclore,
Pour guider les Chrétiens aux climats de l'aurore.

Phœbé du haut des airs sur le flot argenté
Versait de ses rayons la paisible clarté;
Au ciel étincelaient les étoiles brillantes,
Comme, au printemps, les fleurs dans les plaines riantes.
Les vents sur l'Océan naguère déchaînés
Dans leurs cachots obscurs dormaient emprisonnés.
Toutefois, observant la règle accoutumée,
Des Portugais prudents veillait la garde armée.

Mais l'aurore se lève et de son front vermeil
Sème la pourpre et l'or au devant du soleil.
Alors sur les vaisseaux tout prend un air de joie;
Des riches pavillons la splendeur se déploie;
Avec solennité Gama veut recevoir
Le chef des Musulmans qui s'apprête à le voir.
Le gouverneur paraît, et sa munificence
Aux fils de l'Occident apporte l'abondance.
Il croit trouver en eux des guerriers Ottomans,
Descendus de ces fiers et vaillants Turcomans,
Qui, des flots caspiens désertant le rivage,
Dans les champs de l'Asie ont porté le ravage
Et, durs exécuteurs des arrêts du destin,
Ont rangé sous leur loi les murs de Constantin.

Poliment l'amiral au Maure plein de joie
Présente des tissus brillants d'or et de soie,
Et la douce conserve, et l'ardente liqueur,
Des ennuis importuns nectar consolateur.
Du Maure que ravit cette noble largesse
Un splendide festin redouble l'allégresse.

Les matelots, du haut des cordage tendus,
De ces mortels pour eux nouveaux, inattendus,
Avec étonnement observent le visage,
Et leur aspect étrange et leur rude langage.
Des Portugais le Maure observe en même temps
L'air, le teint, le costume et les châteaux flottants.
Dans son cœur défiant un soupçon vient de naître;
Ces hardis étrangers sont des chrétiens peut-être.
Il dissimule, et dit : « Des remparts byzantins
Vous arrivez sans doute en ces pays lointains.
Offrez à nos respects les livres du Prophète
Que le ciel dans Médine a pris pour interprète. »
Il pousse encore plus loin son désir curieux,
Demandant à Gama d'exposer à ses yeux
Ces instruments guerriers, féconds en funérailles,
Qu'en Europe inventa le démon des batailles.

Par un de ses marins dans leur langue versé
De répondre en ces mots Gama s'est empressé :
« Seigneur, tu connaîtras mes armes, ma patrie,
Et la foi dont mon âme en naissant fut nourrie:
Je n'ai point vu le jour parmi les Ottomans,
Mais dans le Portugal, effroi des Musulmans.
Enfant aventureux de l'Europe indomptée,
Je cherche de l'Indus la terre si vantée.

Je suis la loi du Dieu qu'adore l'univers,
A qui doivent le jour tous les êtres divers,
Et qui sur les besoins de leur famille immense
Étend de ses regards la vaste providence;
Qui, pour arracher l'homme à ses folles erreurs,
D'un infâme supplice endura les horreurs
Et, de notre salut victime volontaire,
Pour nous ouvrir les cieux descendit sur la terre.
Mais où sont, me dis-tu, les livres de ma foi?
Faut-il donc sur les mers les traîner avec moi?
Ma foi n'a pas besoin de livres périssables.
Je la porte en mon cœur en traits ineffaçables.
Pour mes armes, Seigneur, que tu veux contempler,
Sois content, devant toi je vais les étaler;
A tes regards amis je les ferai paraître;
Jamais, comme ennemi, n'apprends à les connaître. »

Aussitôt, à la voix du vaillant amiral,
Devant le gouverneur on place l'arsenal
Des armes de l'Europe au carnage aguerrie,
Cuirasses où l'argent à l'airain se marie,
Casques étincelants au superbe cimier,
Boucliers et brassards, espingoles d'acier,
Pertuisanes, mousquets, sabres, lances ferrées,
Arquebuses, carquois et flèches acérées,
Bombardes et canons de bronze fulminant,
Lançant avec la mort le salpêtre tonnant.
Toutefois, l'amiral aux yeux des insulaires
N'en fait point éclater les terribles colères.
Par ces foudres d'airain le héros généreux
Dédaigne d'effrayer ce peuple peu nombreux;

Il sait que c'est faiblesse à des cœurs intrépides
De se montrer lions à des brebis timides.

Le Maure a contemplé d'un regard curieux
Cet appareil de guerre étalé sous ses yeux.
Ce spectacle en son cœur ombrageux et perfide
Enfante le courroux et la haine homicide.
Mais, pour mieux assouvir sa barbare fureur,
Il couvre ses desseins d'un sourire imposteur.
« Si de ton amitié, lui dit le capitaine,
J'ose ici réclamer une marque certaine,
Accorde à mes vaisseaux un pilote exercé :
Son travail sans tribut ne sera pas laissé. »
Sous un front bienveillant déguisant sa malice,
Le Maure lui promet ce facile service ;
Mais, au lieu d'un pilote, il voudrait tout d'abord
A ce peuple odieux pouvoir donner la mort.
Dès-lors que pour chrétien Gama s'est fait connaître,
L'infidèle en son cœur a soudain senti naître
Cette haine implacable et ces desseins cruels.
Grand Dieu, qui peut sonder tes secrets éternels !
N'est-il donc pas permis de reposer sans crainte
A l'abri des méchants sous ton égide sainte !
Le Maure de son île a repris le chemin,
Toujours dissimulant son projet inhumain
Sous cet air d'amitié dont son infâme ruse
S'efforce d'éblouir les Chrétiens qu'elle abuse.
De l'île en un moment il a gagné le port
Et le peuple empressé le reçoit sur le bord.

Bacchus, du haut des cieux, a vu que l'infidèle
Porte aux fils de Lusus une haine mortelle.

Il médite lui-même et cherche les moyens
De perdre d'un seul coup tous les guerriers chrétiens.
Tandis que sa vengeance en secret délibère,
Il excite en ces mots le feu de sa colère :
« Ainsi le sort réserve à ces aventuriers
Sur les bords de l'Indus des moissons de lauriers !
Et moi, le fils du dieu qui lance le tonnerre,
Moi, partout triomphant et digne d'un tel père,
Il me faudra souffrir que d'indignes rivaux
Obscurcissent l'éclat de mes nobles travaux?
Déjà les dieux jaloux ont permis qu'Alexandre,
Le favori de Mars, en ces lieux vînt répandre
De ses nombreux soldats le flot dévastateur.
Voudraient-ils m'opposer un autre usurpateur,
Et que ce peuple obscur de la Lusitanie
Humiliât mon nom, la Grèce et l'Ausonie?
Non, non. Ces Portugais, avec leur amiral,
Jamais ne toucheront le sol oriental.
Je saurai rendre vains leurs efforts sacriléges ;
Je vais leur préparer d'inévitables piéges ;
Je descendrai sur terre, et d'un souffle puissant
J'enflammerai le cœur du Maure frémissant.
Déjà l'inimitié dans son âme se glisse :
Il faut saisir l'instant, alors qu'il est propice. »

Ainsi s'abandonnant à ses fougueux transports,
Il s'élance, et de l'île il a touché les bords.
Là, pour mieux accomplir son projet exécrable,
Il emprunte les traits d'un vieillard vénérable,
Pour sa haute sagesse entre tous renommé
Et pour ses bons avis de l'émir estimé.

Epiant, saisissant auprès de l'infidèle
Le moment favorable à sa ruse cruelle :
« Ces enfants de Lusus, dit-il, ces Portugais,
Qui semblent n'apporter que paroles de paix,
Sont de lâches brigands, remplis de perfidie,
Qui vont semant partout le meurtre et l'incendie.
Les bords de l'Océan, trop lent à les punir,
Longtemps en garderont le sanglant souvenir.
De l'Occident lointain jusqu'à notre rivage,
Le vol, l'embrâsement ont marqué leur passage.
Forbans audacieux, farouches assassins,
Ils viennent contre nous dans les mêmes desseins ;
Ils viennent, poursuivant leurs attentats infâmes,
Nous ravir nos trésors, nos filles et nos femmes.
Demain leur amiral, des siens accompagné,
(Car le crime est toujours de crainte environné)
Sur la plage viendra puiser l'eau des fontaines.
Toi, cache tes soldats dans les forêts prochaines ;
Et que ces étrangers, surpris d'un choc soudain,
Te livrent sans combat un triomphe certain.
Si dans cette embuscade avec art préparée
Ils ne rencontrent point leur ruine assurée,
Apprends par quel moyen tu pourras sur les eaux
Atteindre leurs débris jusque dans leurs vaisseaux.
Donne-leur un nocher, de ta fureur complice,
Qui, sans être suspect, sache avec artifice
Egarer sur les mers leurs navires errants
Pour les ensevelir dans les flots dévorants. »

Il dit, et souriant à ses plans homicides,
Le gouverneur, nourri dans les ruses perfides,

Embrasse avec transport l'auteur de ce conseil
Et va de ses projets disposer l'appareil.
Lorsque les Portugais descendront sur la plage,
Ils teindront de leur sang les sources du rivage.

Il est déjà trouvé, le guide astucieux
Digne d'exécuter ce complot odieux.
L'audace dans son âme à la ruse est unie.
« Que de ces vils enfants de la Lusitanie
Errants de mers en mers et d'écueil en écueil,
Dit le barbare émir, la mer soit le cercueil. »

A peine de rayons Phœbus ceignant sa tête
Des monts Nabathéens illuminait le faîte,
Le prudent amiral appelle les soldats
Qui doivent au rivage accompagner ses pas.
Comme s'ils prévoyaient que par la perfidie
Pour les anéantir une trame est ourdie,
Prêts contre le péril et de lâches assauts,
D'un appareil de guerre ils arment leurs vaisseaux.
Sachant ce que d'un chef ordonne la prudence,
C'est ainsi que Vasco vers la plage s'avance.
Déjà de toutes parts s'y montrait l'Africain,
L'écu pendant au bras et la lance à la main.
Cette troupe voulait, par des feintes perfides,
Attirer sur ses pas les Chrétiens intrépides
Et les livrer enfin, de détour en détour,
Aux Maures embusqués dans les champs d'alentour.
Les Barbares armés couraient sur le rivage,
Des hardis Portugais provoquant le courage.
Ce peuple généreux ne peut souffrir longtemps
Cette meute aboyante et ses cris insultans.

Il s'élance, et chacun, au signal de la guerre,
Veut mettre le premier le pied sur cette terre.

Alors que dans l'arène, aux yeux de la beauté
Qui dans ses doux liens tient son cœur arrêté,
Un amant jeune et fier bondit, se précipite
Au devant du taureau que son audace irrite,
Le terrible animal, mugissant de douleur,
Par ses larges naseaux respirant la fureur,
Sous ses vastes élans ébranle au loin la terre,
Et frappe et foule aux pieds l'agresseur téméraire :
Ainsi du Portugal s'élancent les enfants.
Leurs tonnerres d'airain grondent en même temps.
Le plomb siffle dans l'air, les bombes retentissent;
Les Maures étonnés d'épouvante frémissent.
Partout règnent l'effroi, le tumulte et les cris.
Ici, tombent sanglants les barbares surpris.
Là, d'autres, au seul bruit du bronze qui foudroie,
Désertent l'embuscade où dut tomber leur proie.
Par un juste courroux au combat excité,
Gama d'un feu vengeur embrâse leur cité.
L'infidèle, en fuyant, lance envain, dans sa rage,
Les éclats des rochers, les cailloux de la plage.
Inutiles fureurs ! Il ne lui reste enfin
Qu'à chercher un asyle au rivage africain.
La foule de son poids surcharge les nacelles;
D'autres d'un bras nerveux fendent les flots rebelles;
Ceux-là sont engloutis sous l'abîme des eaux;
Le canon portugais rompt leurs légers vaisseaux,
Et l'Océan dévore en ses gouffres avides
De ce lâche complot les artisans perfides.

Ainsi les Portugais au soleil du matin
Apparaissent vainqueurs et chargés de butin,
Et de ces bords soumis la naïade craintive
Leur cède en murmurant son onde fugitive.
Par ce honteux échec le Maure humilié
Plus que jamais persiste en son inimitié,
Et, suivant jusqu'au bout sa fureur criminelle,
Tente soudain l'effet d'une ruse nouvelle.

L'astucieux émir va de sa trahison
Aux Chrétiens généreux demander le pardon.
Mais, toujours conspirant en perfide adversaire,
Sous des dehors amis il cache encor la guerre.
D'une trompeuse paix le gage prétendu,
C'est ce même pilote à sa haine vendu,
Qui doit, des Portugais dirigeant le voyage,
Sur des flots inconnus les conduire au naufrage.

Empressé de livrer, sans perdre un plus longtemps,
Sa voile frémissante au souffle heureux des vents,
Le capitaine accueille en tressaillant de joie
Le guide que l'émir à ses vaisseaux envoie,
Le traite avec honneur, et donne sans retard
Aux matelots ardents le signal du départ.

De sillons écumeux marquant au loin les ondes,
Les nefs rapidement fendent les mers profondes;
Les filles de Nérée, en jouant à l'entour,
Des héros Portugais semblent former la cour.
Gama, dont le grand cœur, ennemi de la ruse,
Ne peut s'apercevoir que le Maure l'abuse,

S'informe longuement de tous les lieux divers
Que doit lui présenter l'immensité des mers.

Le traître consommé dans la fourbe africaine
Satisfait aux désirs du noble capitaine.
Tandis qu'aux Portugais sa noire cruauté
Prépare le trépas ou la captivité,
Il leur peint les climats que la riante aurore
De ses premiers rayons à son réveil colore,
Et, sans rien soupçonner de ses lâches détours,
Les héros attentifs écoutaient ses discours.

Plus trompeur que Sinon, lorsque sa ruse infâme
Abusa la pitié des guerriers de Pergame :
« Nous approchons, dit-il, d'une île où dès longtemps
Dans la foi des Chrétiens vivent les habitants. »
« Conduis-nous à l'instant vers cette heureuse terre,
Et compte, dit Gama, sur un riche salaire. »
Mais cette île où le traître annonçait aux Chrétiens
Des fils de l'Évangile et des concitoyens,
Suivait de Mahomet la profane croyance,
Et passait de bien loin Mozambique en puissance ;
C'était de Quiloa le royaume fameux.
La flotte s'avançait vers ce bord dangereux.
Mais Vénus qui la voit, loin des routes certaines,
Suivre un guide menteur sur les liquides plaines,
Vénus ne peut souffrir qu'en ces cruels climats
Ses Portugais chéris soient livrés au trépas.
Elle ordonne, et les vents dociles et rapides
Écartent leurs vaisseaux de ces plages perfides.
C'est ainsi que le traître en son lâche dessein
Se sent contrarié par un pouvoir divin.

Toutefois, conservant la barbare espérance
De tirer des Chrétiens une prompte vengeance;
« Contre le vent, dit-il, cessons de vains efforts;
Une autre île bientôt nous ouvrira ses ports,
Une île où, pratiquant des lois hospitalières,
Chrétiens et Musulmans sont un peuple de frères. »
C'est un mensonge encor; le fils de l'Eternel
N'eut jamais en ces lieux de temple, ni d'autel,
Mais ce peuple est nourri dans l'impure doctrine
Du prophète imposteur que célèbre Médine.
Les guerriers Portugais à ces bords inconnus
Allaient se confier; mais sur eux, ô Vénus,
Tu veilles, et les flots, secondant ta tendresse,
Repoussent leurs vaisseaux d'une plage traîtresse.

Cette île à leurs regards présente un vaste port.
Une grande cité s'élève sur le bord.
Ses dômes somptueux élancés dans la nue,
Ses remparts imposants de loin frappent la vue.
Sur Monbaze (ce lieu porte ce nom fameux)
Règne un prince dont l'âge a blanchi les cheveux.
A l'aspect du tableau que la rive déploie,
L'Amiral en son cœur sent une vive joie;
Il pense avec bonheur que la foi des Chrétiens
Commence d'éclairer ces rivages païens.
Bientôt il voit venir des esquifs de la plage,
Qui du roi de Monbaze apportent un message.
De l'amitié la haine empruntant les couleurs,
Serpent insidieux, s'y cache sous les fleurs.
O mensonge! ô flatteuse et funeste apparence!
Aux lieux où l'amiral voit briller l'espérance,

Le cruel Musulman lui prépare la mort.

Humains infortunés ! quel est donc votre sort !
Sur les mers l'ouragan, les vents et les naufrages,
Du trépas menaçant mille noires images !
Sur terre des combats et des malheurs sans fin !
Homme, où sera l'appui de ton frêle destin ?
Grand Dieu, prends en pitié cet enfant de la terre,
Et contre un vermisseau n'arme point ta colère. (4)

CHANT DEUXIÈME.

L'astre resplendissant qui mesure les jours
Déjà vers son déclin précipitait son cours
Et son char, terminant sa carrière prescrite,
Allait se reposer au palais d'Amphitrite,
Lorsque sur son vaisseau le chef des étrangers
Du prince Musulman reçut les messagers.

Celui qui fut choisi pour confident du crime,
Voilant ses noirs desseins, en ces termes s'exprime :
« Intrépide amiral, qui des flots destructeurs
Et des fiers ouragans affrontes les fureurs,
Le généreux vieillard qui gouverne cette île
T'invite à visiter ce port et cette ville.
Impatient de voir un mortel si vanté,
Mon maître te convie à l'hospitalité.
Ton renom répandu jusque sur ce rivage
D'un accueil favorable est l'infaillible gage.
Après un si long cours, navires, matelots,
Fatigués de la mer, ont besoin de repos.
Ose les confier au port qui les appelle,
Au rivage où t'attend une amitié fidèle.
Viens-tu chercher ici le girofle embaumé,
La canelle odorante et le poivre enflammé?

Viens-tu nous demander les plantes salutaires,
Les végétaux puissants de nos heureuses terres?
Enfin désires-tu le rubis précieux,
Ou le diamant pur étincelant de feux?
Choisis dans nos trésors; notre richesse immense
A de quoi satisfaire à ton impatience. »

— « Je crois à ta parole et me fie à ta foi,
Répond le capitaine au messager du roi;
Mais l'ombre de la nuit va s'étendre sur l'onde;
Demain, quand le soleil rendra le jour au monde,
Mes vaisseaux sans péril entreront dans le port;
Puis, à ton souverain nos cœurs avec transport
Offriront le tribut de leur reconnaissance;
Car nous avons appris la sage tolérance
Qui règne sur ces bords à son pouvoir soumis. »
— « Il est vrai, les Chrétiens sont pour nous des amis,
Répond l'ambassadeur; cette ville est peuplée
De leur foule nombreuse aux Musulmans mêlée. »

Ces discours, déguisant l'affreuse trahison,
De l'esprit de Vasco bannissent le soupçon,
Et, facile à tromper, son noble cœur s'assure
Aux paroles d'un peuple infidèle et parjure.
Cependant sur sa flotte il avait emmené
Maint coupable à périr par les lois condamné,
Mais que des magistrats les sentences suprêmes
Gardaient pour les hasards et les périls extrêmes.
Parmi ces criminels au trépas réservés
L'amiral choisissant deux hommes éprouvés :
« Allez, dit-il, allez observer ces rivages
Et de leurs habitants les mœurs et les usages;

Voyez si dans ces lieux le Christ a des autels
Et reçoit les tributs et l'encens des mortels.
En même temps, du roi briguant la bienveillance,
Présentez-lui ces dons en gage d'alliance,
Et disposez son cœur envers les Portugais
Aux plus doux sentiments de concorde et de paix. »
Avec les envoyés du monarque insulaire,
Ils partent; leur esquif sillonne l'onde amère;
Le peuple pour les voir assemblé sur le bord
D'une feinte allégresse accueille leur abord.
Ayant offert au roi les dons du capitaine,
Ils parcourent les murs de la ville africaine,
Interrogeant en vain ce peuple astucieux
Qui craint de contenter leurs désirs curieux :
Car toujours les cœurs faux et pleins de tromperie
Soupçonnent dans autrui leur propre fourberie.

Mais Bacchus, poursuivant ses sinistres projets,
D'un pontife chrétien prend l'habit et les traits.
Un autel somptueux, de sa fraude complice,
S'élève sous ses mains dans un vaste édifice.
Là, pour tromper les yeux, son pinceau dessina
Le Dieu qui de sa gloire éblouit le Sina,
Et la douce colombe ouvrant ses blanches ailes
Sur la Vierge Marie et les douze fidèles
Qui, serviteurs du Christ, apôtres de sa loi,
Parmi les nations ont propagé sa foi. [1]
Les Portugais, conduits en pompe solennelle
Au temple où l'imposteur à prier les appelle,
Fléchissent le genou, puis élèvent leurs cœurs
Au Dieu de l'univers, au Seigneur des Seigneurs :

Bacchus faisait fumer sur son autel impie
Les parfums que produit l'odorante Arabie,
Et ce dieu de mensonge en allumant ce feu
Malgré lui révérait le véritable Dieu.

    Le monarque, affectant un air de bienveillance,
Des envoyés Chrétiens capte la confiance,
Et, se laissant séduire à sa feinte bonté,
Ils ne soupçonnent rien de sa duplicité :
Puis, lorsque dans les cieux pâlissent les étoiles,
Que la nuit se prépare à replier ses voiles,
Et qu'annonçant le jour, l'épouse de Tithon,
L'Aurore au front vermeil va dorer l'horison,
Les envoyés du roi par un nouveau message
Pressent les Portugais de descendre au rivage.
« Nous n'avons sur ces bords à craindre nuls dangers,
Disent à l'amiral ses propres messagers ;
Le roi nous a donné par des bontés insignes
D'une franche amitié d'irrécusables signes.
Nous avons contemplé d'un œil reconnaissant
Le culte des Chrétiens sous ses lois florissant,
Et dans un temple saint nous avons vu paraître
A de pompeux autels un vénérable prêtre.
Seuls et pourtant sans crainte, en ce sacré séjour
Nous avons du soleil attendu le retour.
A la ville, au palais, les mêmes témoignages
D'un accueil fraternel nous ont paru les gages.
Nous n'en pouvons douter ; et du peuple et du roi
Tout sur ces bords heureux nous garantit la foi. »

    Gama, que ce discours de plus en plus rassure
(Un noble cœur peut-il soupçonner le parjure

Caché sous des dehors de franchise et d'honneur?)
Gama reçoit à bord l'insulaire trompeur.
Le perfide Africain de ses barques légères
S'est en foule élancé sur les nefs étrangères,
Et dévore des yeux et déjà croit saisir
Cette opulente proie, objet de son désir.

Cependant au rivage en secret on prépare,
On arme en trahison la milice barbare
Qui sur les Portugais à peine entrés au port
Doit fondre à l'improviste et leur donner la mort,
Et venger par le sang des fils de l'Atlantique
Le sang dont leur victoire inonda Mozambique.

Déjà de l'amiral les matelots charmés
Levaient l'ancre en poussant les cris accoutumés,
Et, les voiles au vent, s'avançaient vers la rive.
Mais toujours de l'Eryx la déesse attentive
Veille sur ses héros ; elle les voit courir
Au piége que la ruse à leurs yeux sut couvrir ;
Tremblante pour leurs jours, ainsi qu'un trait rapide
Elle descend des cieux vers la plaine liquide.
Fille de l'Océan, la déesse à son gré
Commande en souveraine à l'empire azuré.
Elle appelle du fond de leurs palais humides
Les nymphes de la mer, les belles Néréides :
« Pour sauver des héros du trépas menacés,
Dit-elle, prêtez-moi vos secours empressés ;
Repoussons du rivage où sa perte est certaine
Des enfants de Lusus le noble capitaine. »

Les Nymphes à sa voix se hâtent d'obéir ;
On voit l'écume au loin sous leurs bonds rejaillir.

S'animant à l'envi, Doto, Nisa, Nérine
Fendent la vaste mer de leur blanche poitrine,
Et le flot étonné de leurs soudains transports
Semble fléchir d'effroi sous leurs agiles corps.
A leur tête, Vénus, de courroux transportée,
S'avance, l'œil en feu, sur un Triton montée.
Le demi-dieu, joyeux de son noble fardeau,
Se courbe avec orgueil sous un objet si beau.
La reine de Cythère et son divin cortége,
Entourent les vaisseaux que leur faveur protège. (2)
La déesse et ses sœurs sur le chemin fatal
Se jetant au devant du navire-amiral
L'arrêtent dans sa course, en dépit de la brise
Qui souffle vainement dans la voile surprise.
Les unes à sa proue opposent leur beau sein;
D'autres contre ses flancs vont roidissant leur main,
Le soulèvent sur l'onde, et leur secours rapide
L'écarte heureusement d'un rivage homicide.
Tel que, des noirs frimats prévoyant la rigueur,
Des prudentes fourmis le peuple travailleur,
Remplissant pour l'hiver sa cité souterraine,
Va, vient, infatigable au lourd butin qu'il traîne;
Telles les Déïtés, compagnes de Cypris,
S'efforcent de sauver ses Portugais chéris.

De quel étonnement est saisi l'équipage,
Quand il voit sous le vent qui la pousse au rivage
La nef rétrograder, loin de suivre son cours !
Envain, de sa science épuisant le secours,
Le pilote en tout sens manœuvre avec adresse.
Tout à coup de la poupe un long cri de détresse

S'élève : un vaste écueil à la face de l'eau
Apparaît, menaçant de briser le vaisseau.
Par des clameurs d'effroi les matelots répondent.
L'infidèle, à ces cris qui dans l'air se confondent,
S'épouvante; il a cru, lâche et faible soldat,
Entendre le signal d'un horrible combat;
De ce grand mouvement il ignore la cause;
Mais il se sent coupable, et soudain il suppose
Que sa fourbe est connue et qu'il est au moment
D'en subir le terrible et juste châtiment.
Poussés par les frayeurs qui soudain les agitent,
Dans leurs légers bateaux les uns se précipitent.
Les autres, à la mer s'élançant éperdus,
L'entrouvrent de leurs bras sur la vague étendus,
Aimant mieux de Téthys braver la violence,
Que des Chrétiens trahis attendre la vengeance.

Tel que, prenant l'alarme à l'aspect du passant,
D'un lac marécageux le peuple coassant,
Monument du courroux dont Latone bannie
Frappa les habitants de l'antique Lycie,
Se replonge dans l'onde et fuit sous les roseaux
Dans l'asyle connu de ses dormantes eaux;
Tels fuyaient à l'envi les Musulmans perfides;
Tel, croyant découverts ses projets homicides,
Le coupable artisan de ces lâches complots,
Le pilote fuyait élancé dans les flots.

Tandis que l'amiral déployait son adresse
Pour éviter l'écueil qui devant lui se dresse
Et, ralliant ses nefs, rassurant ses soldats,
S'efforçait de les mettre à l'abri du trépas,

Du Maure épouvanté la retraite imprévue,
Du pilote Africain la fuite inattendue
Lui montrent les desseins de ce peuple pervers ;
Et, voyant son navire arrêté sur les mers
Sans que l'onde ou les vents semblent lui faire obstacle,
Frappé d'étonnement, il s'écrie au miracle :
« Événement, dit-il, étrange et singulier !
Prodige manifeste et qu'on ne peut nier !
Détestable complot que le ciel nous révèle !
Barbare nation, race lâche et cruelle !
Voilà donc quelle était ton hospitalité !
Voilà le piège affreux où ta méchanceté
Prétendait entraîner notre aveugle imprudence !
Mais tu veillais sur nous, divine Providence !
De ce bord dangereux, de ce perfide port
C'est ta puissante main qui nous défend l'abord
A nos yeux dessillés tu dévoiles les trames
Qui menaçaient nos jours sur ces rives infâmes.
Toi, qui perces la nuit où des regards humains
N'auraient pu découvrir ces horribles desseins,
O céleste pouvoir, notre appui, notre guide,
Étends toujours sur nous ta bienfaisante égide.
Si déjà, favorable à notre piété,
Tu nous as garantis, dans ta haute bonté,
Des périls que pour nous préparait la malice
De ce peuple nourri, de fraude et d'artifice,
Daigne encor protéger ces braves Portugais ;
Conduis-les vers un port de salut et de paix,
Ou montre-leur enfin la terre souhaitée
Où par eux de ton nom la foi sera portée. »
   La belle Dionée en son cœur attendri
Sent retentir la voix de son héros chéri.

Soudain, aux yeux surpris des filles de Nérée,
Elle a repris son vol vers la sphère éthérée.
Elle a déjà passé son astre lumineux
Dont le troisième ciel voit rayonner les feux
Et bientôt elle arrive au sommet du sixième
Où Jupiter réside en sa grandeur suprême.
Le sein tout palpitant de son rapide essor,
Elle apparaît plus belle et plus aimable encor. (3)
Un doux frémissement agite l'Empyrée
Et chaque étoile aux cieux d'amour est enivrée.
Foyer des passions, ses yeux éblouissants
Lancent des traits de feu qui pénètrent les sens
Et qui d'émotions puissantes et profondes
Font transir et brûler les astres et les mondes.
Chère dans tous les temps au souverain des dieux,
Pour le mieux captiver, elle s'offre à ses yeux,
Telle que le pasteur à Pergame funeste
Dans tout son pur éclat vit sa beauté céleste.
Au chasseur indiscret par Diane immolé
Si ce trésor d'appas eût été révélé,
De ses chiens affamés prévenant la furie,
Le désir dévorant eût consumé sa vie.
Autour de son beau col aux contours amoureux
En longues tresses d'or flottent ses blonds cheveux;
De son sein aussi blanc que la neige et l'albâtre
Les globes, où l'amour invisible folâtre
Et prépare en jouant ses traits victorieux,
Tremblent au mouvement de ses pas gracieux.
Les désirs empressés assiègent l'immortelle;
Tel le lierre aux longs bras presse l'ormeau fidèle.
Chef-d'œuvre d'élégance et de légèreté,
Voile sur la pudeur par les grâces jeté,

Sa ceinture, à demi rassurant ses alarmes,
De son corps tour à tour cache et trahit les charmes.
Tout l'Olympe a senti des frissons amoureux,
Vulcain sa jalousie, et Mars ses premiers feux.
Dans les traits enchanteurs de la belle déesse
Un air de volupté se mêle à la tristesse.
Voyez une beauté qu'un téméraire amant
En un doux entretien pressa trop vivement :
Dans ses yeux à la fois brillent pleurs et sourire;
Sa tendresse est heureuse et sa pudeur soupire :
Telle, s'embellissant encor de son chagrin,
Vénus parle en ces mots au maître souverain :
« Longtemps, hélas ! mon cœur, fier de ta préférence,
D'un bonheur éternel embrassa l'espérance.
Longtemps je me flattai que ton amour jamais
Ne suspendrait pour moi le cours de ses bienfaits.
Mais, puisque j'ai cessé de te paraître chère,
Que, sans la mériter, j'excite ta colère,
J'y consens, de Bacchus seconde les fureurs
Et réserve pour moi les chagrins et les pleurs.
Ce peuple généreux, objet de ma tendresse,
Et pour qui vainement ma prière te presse,
Cet amour seul le rend criminel à tes yeux,
Et tu le sauverais, s'il m'était odieux.
Eh bien donc ! sous les coups de l'Africain sauvage,
Qu'il succombe... » A ces mots, son céleste visage
Est inondé de pleurs dont s'accroît sa beauté;
Tel brille un lys pompeux par l'orage humecté.
Après quelques instants d'un douloureux silence,
De son émotion domptant la violence,
Cypris veut, mais envain, poursuivre son discours :
Le maître de l'Olympe en arrête le cours.

Le Tout-Puissant, (4) ému des pleurs de la déesse
Dont l'aspect eût fléchit le cœur d'une tigresse,
Lui lance un des regards sereins et radieux
Qui chassent la tempête et rassurent les cieux,
L'embrasse avec amour et, calmant ses alarmes,
Sèche de doux baisers le torrent de ses larmes.
La belle déïté de Gnide et de Paphos
Répond à ses transports par de nouveaux sanglots.
Tel un enfant, grondé par un maître sévère,
Va redoublant ses pleurs dans les bras de sa mère.
Le puissant Jupiter, pour consoler Vénus,
Fouillant de l'avenir les fastes inconnus,
De la Lusitanie en ces termes révèle
La future grandeur et la gloire immortelle :

« Aimable Cythérée, apaise tes douleurs.
Je ne résiste point au pouvoir de tes pleurs.
Bannis l'injuste effroi dont ton âme est saisie.
Je te donne ma foi qu'aux rives de l'Asie
De tes fiers Portugais les exploits surhumains
Passeront les exploits des Grecs et des Romains.
Repoussant de Circé le magique breuvage,
Si le prudent Ulysse évita l'esclavage ;
Aux bords où le Timave épand ses grandes eaux
Si le brave Antenor conduisit ses vaisseaux ;
Si le pieux Enée, en fuyant sa patrie,
De Scylla, de Charybde affronta la furie,
Tes guerriers, appelés à des destins plus beaux,
Uniront l'ancien monde à des mondes nouveaux.
Tu verras s'élever sous leurs mains triomphantes
De redoutables forts et des cités puissantes,

Et le Turc belliqueux, jusqu'alors indompté,
Devant leurs bataillons s'enfuir épouvanté.
Tu verras sous le fer des soldats de Lisbonne
Vingt rois humilier l'orgueil de leur couronne,
Et l'Inde recevoir des Portugais vainqueurs
Et de plus justes lois et de plus nobles mœurs.
Le héros qui, bravant les flots et les orages,
Du Gange et de l'Indus va chercher les rivages,
Par un calme profond verra sous ses vaisseaux
De Neptune effrayé frémir au loin les eaux.
O prodige inoui dont l'Océan s'étonne !
Son onde sans tempête et s'agite et bouillonne. (5)
Il est grand, il est fort, le peuple dont l'aspect
Imprime aux éléments la crainte et le respect!
Ces bords où contre lui les Musulmans naguère
Ourdissaient des complots et préparaient la guerre,
Aux fiers navigateurs de l'Occident partis
Tu les verras ouvrir leurs ports assujettis,
Et par d'humbles tributs en tremblant reconnaître
Que ton peuple en tous lieux doit commander en maître.
Les flots érythréens, au bruit de sa valeur,
Frémissants d'épouvante, ont changé de couleur. (6)
Deux fois devant les fils de la Lusitanie
D'Ormus tombent les murs et la gloire ternie
Et sous ses propres traits l'infidèle expirant
Reconnaît les destins d'un peuple conquérant.
Sur les murs de Diu vois flotter ses bannières.
Deux fois des Musulmans les cohortes altières
Viennent lui disputer ce superbe rempart,
Et deux fois de Lusus triomphe l'étendard;
Vrais émules du dieu qui préside aux batailles,
Les Portugais au loin sèment les funérailles,

Et le Maure orgueilleux sous leur fer destructeur
Succombe en maudissant son prophète imposteur.
Goa, des conquérants accroissant le domaine,
De l'Orient bientôt deviendra souveraine,
Et, de l'Inde soumise étonnant les regards,
Portera jusqu'aux cieux l'orgueil de ses remparts.
La riche Cananor, aux Portugais rendue,
Contre un flot d'ennemis par eux est défendue.
Tu verras Calicut céder à leurs efforts,
Malgré son peuple immense et ses superbes forts.
Cochin contemplera la plus belle victoire
Dont la muse héroïque ait célébré la gloire.
Le rocher de Leucate et ses flots écumeux
Virent moins de fureur en ce combat fameux,
Où, rangeant sous ses lois la puissance romaine,
Octave triompha du vaillant capitaine
Qui, du superbe Euphrate ayant dompté les eaux
Et revenant vainqueur du Nil aux sept canaux,
Traînait sa riche proie et la honteuse chaîne
Où l'arrêtait l'amour d'une impudique reine.
Que l'Egypte et que l'Inde unissent leurs fureurs;
Leurs vaisseaux périront sous les foudres vengeurs.
Tout cède aux Portugais; ces guerriers intrépides,
De mille nations triomphateurs rapides,
Au Maure, à l'idolâtre imposeront des fers.
De la Chine étonnée ils franchissent les mers.
La Chersonèse d'or et les îles lointaines
Livrent leur opulence aux flottes lusitaines
Et, recevant la loi, Neptune en frémissant
Courbe sous leurs vaisseaux un flot obéissant.
Telles sont les grandeurs, ô ma fille chérie,
Que le destin réserve à leur noble patrie.

Partout domineront les vaillants Portugais.
Des rivages du Gange aux remparts de Gadès,
Du pôle boréal au flot magellanique,
Brillera sans rivaux leur courage héroïque,
Et de l'antiquité les conquérants fameux
Renaîtraient vainement pour lutter avec eux. »

Ayant ainsi parlé, le roi des cieux appelle
Le dieu, fils de Maïa, son messager fidèle.
« Des Portugais, dit-il, va trouver l'amiral;
Monbaze est un séjour qui lui serait fatal;
Qu'il déserte à l'instant ces rives homicides :
Que, descendu vers lui sur tes ailes rapides,
Un songe fortuné comme lieu de repos
Lui désigne Mélinde et ses tranquilles flots. »

L'agile messager dans les airs se balance,
Et d'un subit essor vers la terre s'élance.
Son brillant caducée étincelle en sa main :
C'est par lui qu'exerçant un pouvoir souverain,
Il verse le sommeil, il commande aux orages,
Ou réveille les morts sur les sombres rivages.
Vers Mélinde avec lui la déesse aux cent voix
Vole, des Portugais publiant les exploits.
Elle redit leurs noms, elle conte la gloire
Qu'à leurs drapeaux fameux attacha la victoire.
Pour ces fiers conquérants à ces pompeux récits
De respect et d'amour tous les cœurs sont saisis.
Chacun brûle de voir ces nobles fils du Tage.
Le céleste envoyé, remplissant son message,
De Mélinde à Monbaze a revolé soudain
Pour prémunir Gama contre un peuple inhumain.

Aux ruses de l'enfer, à sa noire malice
Envain nous opposons la force ou l'artifice.
Que peuvent contre lui, sans les avis du ciel,
La prudence, l'adresse et l'effort d'un mortel?

La nuit suivait sa course et du vaste empyrée
Les étoiles brillaient dans la sphère éthérée.
Le doux sommeil pressait les yeux des matelots.
Gama cède lui-même au besoin du repos,
Et tandis qu'un instant s'endort sa vigilance,
Le matelot de quart veille seul en silence.
Apparaissant en songe au héros endormi :
« Fuis, hâte-toi de fuir un rivage ennemi,
Dit le fils de Maïa; fuis ces plages cruelles
Et d'un peuple sans foi les trames criminelles.
Fuis, secondé des vents, de la mer et des cieux;
L'air est calme et serein, le flot silencieux.
Sur des bords plus amis un autre roi t'appelle;
Il offre à tes vaisseaux un asile fidèle.
Mais, pour ces bords affreux, leur hospitalité
Est celle du tyran, du monstre détesté,
Qui des hôtes tombés entre ses mains fatales
Jadis assouvissait la faim de ses cavales,
Ou de ce Busiris qui du sang des mortels
De ses infâmes dieux arrosait les autels.
N'attends pas plus longtemps la mort qu'on te prépare;
Fuis un peuple perfide, un rivage barbare.
Suis ta route, et bientôt sur des bords plus heureux
Tu trouveras un prince, un peuple généreux,
Près de la ligne ardente où le soleil égale
De la nuit et du jour le changeant intervalle.

Là, se reposeront à l'abri des dangers
Tes vaisseaux accueillis par ces bons étrangers
Et tu recevras d'eux un guide habile et sage
Pour conduire ta flotte au but de ton voyage. »

A ce discours pressant qui hâte son réveil,
Le héros, dégagé des chaînes du sommeil,
Avec étonnement voit luire à travers l'ombre
Un céleste rayon qui fuit dans la nuit sombre.
Par cet avis d'en haut son doute est dissipé;
Il sent de quels périls il est enveloppé;
Au chef des nautonniers aussitôt il commande
De déployer la voile au vent qui la demande.
« Un messager des cieux est descendu vers moi;
Je crois l'entendre encor, lui dit-il. Hâte-toi;
Partons; un Dieu l'ordonne; un Dieu nous favorise. »
Déjà la voile flotte au souffle de la brise.
Déjà les matelots, tendant leurs bras nerveux,
Lèvent l'ancre, en poussant des cris tumultueux.
Au moment où ces cris ébranlèrent les ondes,
Les Maures, profitant des ténèbres profondes,
Essayaient de couper les cables des vaisseaux,
Dans l'espoir que, lancés au hasard sur les eaux,
Ils iraient se briser à la côte prochaine.
A peine a retenti la voix du capitaine,
Ils s'éloignent soudain, tremblants et fugitifs;
La rame à coups pressés entraîne leurs esquifs.

Les nefs sur l'Océan prenaient leur vol rapide
Et sillonnaient l'azur de la plaine liquide.
Un vent joyeux et frais les poussait doucement
Et donnait à leur cours un heureux mouvement.

Tandis qu'ainsi voguait, par le ciel avertie,
D'un péril imminent la flotte garantie,
Les matelots entr'eux s'en allaient redisant
Et leurs travaux passés et leur danger récent.
Pour la seconde fois l'astre qui nous éclaire
Recommençait son tour dans la céleste sphère;
Tout-à-coup à leurs yeux sur les ondes fixés
Ont paru deux vaisseaux par la brise poussés.
Des Maures les guidaient : sentant leur impuissance,
Ces nefs aux Portugais cèdent sans résistance. (7)
Au gré de son désir, parmi ses prisonniers
Gama croyait trouver d'habiles nautonniers
Qui conduiraient sa flotte aux rivages de l'Inde.
Mais nul ne les connaît. « Les nochers de Mélinde
« Pourraient seuls lui donner des indices certains
« Sur la route qui mène à ces climats lointains.
« Un prince généreux et qu'à d'illustres marques
« L'Afrique distinguait entre tous ses monarques
« Sur Mélinde étendait sa juste autorité.
« On vantait sa douceur et son humanité,
« De sa pompeuse cour l'éclat héréditaire;
« Sa sagesse égalait son noble caractère;
« De respect et d'amour son peuple l'entourait. »
— « C'est lui-même, c'est lui », s'écrie à ce portrait
L'amiral averti par le divin message;
Et bientôt de Mélinde il atteint le rivage.

Le ravisseur d'Europe en son signe brûlant
Recevait des saisons le guide étincelant,
Et, sa conque à la main, la riante Amalthée
Versait les dons de Flore à la terre enchantée.

Le soleil rayonnant d'une vive splendeur
Ramenait le grand jour où le médiateur,
Qui de l'homme coupable affranchit l'esclavage,
Triomphant du trépas, acheva son ouvrage.
Quand la flotte arrivait au terme désiré,
Pour fêter de ce jour le souvenir sacré,
Chaque nef se para de couleurs éclatantes;
Ses bannières au vent voltigèrent flottantes;
Des clairons, des tambours les belliqueux accents
Ébranlèrent les airs au loin retentissants.
Aux sons de leur bruyante et guerrière harmonie
Naviguaient les enfants de la Lusitanie.
Sur la rive s'empresse un peuple impatient
De voir ces étrangers nouveaux pour l'Orient.
Il ne ressemble point à ces peuples sauvages
Que leur ont jusqu'alors présentés ces rivages;
La bonté, la douceur respirent dans ses traits.
Par un de ses captifs l'amiral Portugais,
Quand par l'ancre au long fer la flotte est retenue,
Fait au roi de Mélinde annoncer sa venue.

Déja dans ces climats la déesse aux cent voix
Avait des Portugais proclamé les exploits.
Le roi, dont leur courage a mérité l'estime,
Conçoit de leur visite un orgueil légitime.
Avec empressement, avec sincérité
Il offre les secours de l'hospitalité
A ces nobles guerriers dont la vaillante élite
A bravé si longtemps les fureurs d'Amphitrite.
Il envoie à leur chef les fruits de la saison
Et de grasses brebis à la blanche toison.

Mais c'est peu de donner ; l'aimable bienveillance
Rehausse encor le prix de sa munificence.
L'amiral aux présents du monarque africain
Répond par les tributs de l'Occident lointain.
Il joint à l'écarlate où la pourpre étincelle
Le corail merveilleux qu'Amphitrite recèle.
L'interprète chargé de ces dons éclatants
Dans l'art de l'éloquence est versé dès longtemps.
Il doit, de l'amiral justifiant l'absence,
Au monarque en son nom demander alliance.
Conduit devant ce prince auguste et révéré,
Il lui tient ce discours par Minerve inspiré :

« Grand prince, dont la main du faible protectrice
Soumet un peuple fier au frein de la justice,
Toi, qui remplis les cœurs et de crainte et d'amour,
Après de long périls, nous venons en ce jour
Implorer tes bontés et chercher dans cette île
A l'abri de ton trône un refuge tranquille.
Tu ne vois pas en nous de vils aventuriers
Courant toutes les mers en hardis flibustiers,
Et, pour nous enrichir, de rivage en rivage,
De cités en cités portant le brigandage.
De la puissante Europe ayant quitté les cieux,
Nous avons affronté l'Océan furieux
Et par l'ordre d'un roi que l'Occident redoute
Vers l'Inde sur les mers nous cherchons une route.
Quels barbares mortels, quels peuples inhumains
Nous avons rencontrés sur les bords africains !
Mais ton peuple avec eux n'a point de ressemblance.
Nos cœurs en tes vertus sont pleins de confiance.

Nous espérons de toi cet accueil simple et franc
Que chez Alcinoüs reçut Ulysse errant.
Dans ton port nos vaisseaux abordent avec joie;
Un divin interprète en ces lieux nous envoie.
Le ciel nous en eût-il enseigné le chemin,
S'il n'eût connu ton cœur noble, sincère, humain?
Si notre général n'est pas venu lui-même
Apporter son hommage à ta grandeur suprême,
Garde-toi de penser qu'il soupçonne ta foi;
Mais il est enchaîné par l'ordre de son roi,
Dont la voix en tous lieux à lui se fait entendre
Et qui dans aucun port lui défend de descendre.
Chacun a son devoir qu'il lui faut accomplir;
C'est au chef d'ordonner, aux membres d'obéir.
Et tu ne voudrais pas, ô des rois le modèle,
Qu'aux ordres de son prince un sujet fût rebelle.
Le Portugais, toujours loyal, obéissant,
Porte aussi des bienfaits un cœur reconnaissant;
Tant que le fleuve aux mers ira roulant son onde,
Il gardera des tiens la mémoire profonde. »

A ce discours succède un murmure flatteur.
Des guerriers portugais on vante le grand cœur.
Que de cieux, que de mers, témoins de leur courage!
A leur fidélité le prince rend hommage
Et reste émerveillé du pouvoir de leur roi
Qui leur fait de si loin craindre et suivre sa loi.

D'un visage riant, d'un air de bienveillance,
Il dit à l'envoyé : « Soyez sans défiance;
Illustres voyageurs, bannissez tout soupçon,
Et ne craignez de nous aucune trahison.

Par vos vaillants exploits, ô peuple magnanime,
De l'univers entier vous méritez l'estime,
Et par tout noble cœur les enfants de Lusus
Avec empressement doivent être reçus.
Ce m'eût été sans doute une allégresse extrême
Que leur chef sur ces bords fût descendu lui-même.
Mais je sais ce qu'on doit au souverain pouvoir;
Et je regretterais qu'oubliant ce devoir,
Un sujet dont toujours l'âme en fut pénétrée
Enfreignît de son roi la volonté sacrée.
Demain, quant de Téthys abandonnant la cour
Le soleil dans les cieux rallumera le jour,
Sur un léger esquif fendant l'humide plaine,
J'irai rendre visite à votre capitaine.
Après tant de périls, après tant de travaux,
Je veux que sur ces bords ouverts à ses vaisseaux,
Il trouve un doux accueil, l'amitié, l'abondance,
Et d'un pilote sûr le zèle et la prudence. »

Il a dit. Cependant sous les flots écumeux
Le dieu de la lumière allait plonger ses feux.
L'ambassadeur alors, sa mission finie,
Va rejoindre les nefs de la Lusitanie.
De joie, à ses récits, tous les cœurs sont émus;
Au terme de leurs maux les voilà parvenus;
Devant eux désormais s'ouvre une autre carrière;
Ils fêtent cet espoir durant la nuit entière :
Leur bruyante allégresse éclate en longs transports;
Les voix, les instruments unissent leurs accords;
Ici, fendant les airs de ses aîles sonores,
Le salpêtre jaillit en brillants météores;

CHANT II.

Là, du bronze enflammé sortant avec fracas,
La bombe au ciel s'élance et retombe en éclats.
D'un cercle sulfureux volent mille fusées
Dans leur rapide essor bizarrement croisées.
Le peuple jusqu'au ciel pousse des cris joyeux,
Et la rive et les flots semblent offrir aux yeux
L'image d'un combat dans celle d'une fête.

De ses premiers rayons Phœbus dorait sa tête,
Et le sommeil fuyait, rappelant aux travaux
Les mortels que dans l'ombre endormaient ses pavots;
La vapeur de la nuit en perle transparente
Retombait sur les fleurs dans la plaine odorante;
Lorsque, prompt à se rendre au bord de l'amiral,
Le prince de Mélinde, en appareil royal,
Descendit sur la plage, où se pressait d'avance
D'un peuple curieux la multitude immense.
Au loin étincelaient les pompeux vêtements,
Les longs manteaux de pourpre et les beaux dolimans;
Mais au lieu de leurs arcs et de leurs traits rapides,
Des fureurs de Bellone instruments homicides,
Les Africains portaient les branches du palmier
Dont les triomphateurs ornent leur front guerrier.
Sur la rive où frémit la publique allégresse,
Un esquif, éclatant de luxe et de richesse,
Attendait le monarque. Il y monte, escorté
Des seigneurs, les soutiens de son autorité.
Dans son habillement tissu d'or et de soie
Du faste oriental tout l'orgueil se déploie;
Un superbe turban sur son front s'arrondit;
Des couleurs de Sidon son manteau resplendit;

De son collier d'or pur la beauté singulière
Joint le fini de l'art au prix de la matière;
Un glaive qui reluit des feux du diamant
De sa large ceinture est le riche ornement,
Et les perles et l'or en brillantes spirales
Décorent le velours de ses hautes sandales.
Un pavillon de soie au bout d'un fer doré
Par un grand de la cour dans l'air est arboré
Pour dérober du roi le sublime visage
Au soleil dévorant de ce brûlant rivage.
Cependant, sur la proue, aux flots retentissants
La trompette mauresque envoyait ses accents,
Dur et bruyant concert, dont l'oreille s'offense,
Mais qu'anime une vive et joyeuse cadence.
Tandis qu'ainsi voguait le monarque africain,
Gama, pour recevoir l'auguste souverain,
Sur un léger bateau sillonnant Amphitrite,
S'avance, environné d'un cortége d'élite.
La France a préparé sa tunique de lin;
Son habit espagnol est d'un riche satin
Dont Venise a fourni l'étoffe renommée
Qu'empourpre du kermès la teinture enflammée.
Aux manches, des boutons d'un or pur et vermeil
Brillent, réfléchissant les rayons du soleil.
Des aiguillettes d'or rapprochent avec grâce
Les pans de son pourpoint où l'or joue et s'enlace;
Superbement brodé de cet or précieux,
Son haut-de-chausse encore en éblouit les yeux;
Son glaive en étincelle, et sa tête est parée
D'un panache ondoyant sur sa toque dorée. (8)
Des nobles Portugais autour de lui pressés
Le costume offre à l'œil mille aspects nuancés.

À la pourpre chacun par un goût qui varie
Mêle d'autres couleurs dont l'éclat se marie :
Tel de l'aimable Iris brille l'arc radieux,
Des reflets du soleil s'enflammant dans les cieux.
Aux accents des clairons dont les flots retentissent,
Tous les cœurs palpitants d'allégresse frémissent.
Les barques de Mélinde au loin couvrent la mer ;
Leurs pavillons flottants rasent le flot amer.
Dans le bronze tonnant le salpêtre s'allume
Et par noirs tourbillons dans l'air éclate et fume.
La formidable voix de cent bouches d'airain
Ébranle les échos du rivage africain,
Et le Maure, au fracas des bombes résonnantes,
Presse envain de ses mains ses oreilles tremblantes.

Mais bientôt l'amiral voit descendre à son bord
Le roi, qui dans ses bras se jette avec transport ;
Vasco, plein de respect pour son titre suprême,
Lui rend tous les honneurs qu'on doit au diadême.
Le monarque insulaire avec étonnement
Contemple l'appareil, les traits, l'habillement
De ces hardis marins que des rives du Tage
Aux rives de l'Indus entraînait leur courage.
Pour la seconde fois sa générosité
Leur offre ses bienfaits et l'hospitalité :
« Mon trésor, mes états vous ouvrent leurs richesses ;
Demandez, et comptez sur mes vastes largesses.
Car, avant de vous voir, des braves Portugais
Je connaissais déjà la gloire et les hauts faits ;
Dès longtemps je savais leurs guerres héroïques
Contre les Musulmans des plages Atlantiques.

4

L'Afrique est pleine encor du bruit de leurs exploits.
Elle a vu leur valeur se déployer cent fois,
Et du Maure indompté ces rivaux intrépides
Lutter aux champs fameux par l'or des Hespérides. »
Puis, ce roi magnanime aux Portugais joyeux
Racontait les combats de leurs nobles aïeux.

L'amiral lui répond : « O toi, qui dans ton âme
Sens de l'humanité brûler la sainte flâme,
Toi, qui prends en pitié les durs et longs travaux
De ce peuple échappé de la fureur des eaux,
Que puisse l'éternelle et juste providence,
Qui dirige à son gré cet univers immense,
Te payer les bienfaits dont nos cœurs en ce jour
Voudraient pouvoir t'offrir l'équitable retour !
De tous les rois brunis par le soleil d'Afrique,
Seul tu nous réjouis d'un accueil pacifique;
Seul des flots et des vents pour nous perdre ligués
Tu défends, roi sauveur, nos vaisseaux fatigués.
Tant qu'au ciel brilleront les étoiles sans nombre,
Que devant le soleil s'enfuira la nuit sombre,
Quelque part que je sois, ton nom consolateur
Sera toujours présent, toujours cher à mon cœur. »

Pendant cet entretien, du généreux monarque
A l'entour des vaisseaux voguait l'agile barque;
Et les Mélindiens dans leurs canots légers
La suivaient, admirant les nefs des étrangers.
Mêlant sa foudre au bruit de la mousqueterie,
Des grands canons d'airain tonnait l'artillerie;
Dans l'air retentissaient trompettes et clairons;
L'anafis africain répondait à leurs sons.

Cependant le fracas des instruments de guerre,
D'une frayeur secrète agitant l'insulaire,
Pour lui de sa visite a troublé le plaisir.
De voir, d'interroger, d'admirer à loisir
Il témoigne à Vasco sa vive impatience,
Et du bronze aussitôt la voix à fait silence.
Le Maure curieux demande à l'amiral
Les usages, les lois, les mœurs du Portugal,
Les guerres des enfants de la Lusitanie
Contre les nations de la Mauritanie,
Leurs rapports, leurs débats avec le Castillan,
Leur route et leurs périls sur le vaste Océan.
« Déroule à mes regards, valeureux capitaine,
Le fidèle tableau de la terre lointaine,
Du pays renommé qui t'a donné le jour
Et qui de la valeur est le noble séjour.
Dis-moi par quels degrés au comble de la gloire
S'est élevé ce peuple aimé de la victoire;
Conte moi quels efforts si haut l'ont fait monter,
Grands et fameux travaux, je n'en saurais douter.
Apprends-moi les hasards que, dans tes longs voyages,
Ont couru tes guerriers battus par les orages;
Enfin, dis-moi les mœurs des sauvages climats
Où tes hardis vaisseaux ont arboré leurs mâts.
Parle; un beau jour se lève; à l'horison qu'il dore
Déjà brille le front de la naissante aurore;
Phœbus par leurs freins d'or attelle ses chevaux;
Le silence est dans l'air et la paix sur les eaux.
Parle; des Portugais la haute renommée
Sur ces bords reculés dès longtemps est semée;
Et l'astre dont la flâme échauffe l'univers,
Le soleil de si loin n'éclaire pas ces mers

Que notre cœur glacé refuse son estime
Au courage d'un peuple illustre et magnanime. (9)
Le ciel aux Portugais sur ces bords protecteurs
Prépara des amis et des admirateurs. »

CHANT TROISIÈME.

O Muse des héros, maintenant redis-moi
Le récit à Gama demandé par le roi.
Calliope, descends de la double colline;
Donne-moi les accents de ta lyre divine.
Que de l'art de guérir le brillant inventeur,
Le Dieu qui triompha de ta chaste pudeur,
Abandonnant Daphné, Leucothoé, Clytie,
Livre à tes seuls attraits son âme assujettie.
O Nymphe que j'adore, accorde-moi des sons
Dignes du vaillant peuple, objet de mes chansons;
Et sache l'univers, en voyant ton ouvrage,
Que l'onde aganippide a coulé dans le Tage.
Déjà Phœbus me plonge en ses flots enivrants;
Quitte de l'Hélicon les sommets odorants;
Sinon, je penserai que de ton cher Orphée
Tu crains de voir par moi la mémoire étouffée.

Autour de l'amiral les Musulmans assis
Étaient impatients d'entendre ses récits.
Quelques instants, pensif, il médite en silence;
Puis, élevant la tête, en ces mots il commence : (1)
« Illustre souverain, tu veux donc par ma voix
Des enfants de Lusus apprendre les exploits;

De mes concitoyens tu demandes l'histoire :
Il est doux de chanter les héros et la gloire.
Toutefois, cette tâche a pour moi son danger :
On célèbre sans crainte un mérite étranger ;
Mais comment espérer, en vantant ma patrie,
De ne paraître point suspect de flatterie ?
Puis, sur un tel sujet, je sais que mes discours,
Grand roi, si longs qu'ils soient, seront encor trop courts.

Tu le veux ; mon devoir est de te satisfaire ;
J'obéis. Mon récit sera simple et sincère ;
Car ce brillant tissu de grandes actions
Ne laisse point de place aux vaines fictions :
Loin d'ajouter au vrai le mensonge profane,
A taire mille exploits leur nombre me condamne.
Mais, avant qu'à tes yeux j'étale les combats
Où nos vaillants guerriers ont signalé leur bras,
Je vais t'entretenir de la grande contrée
Où fleurit ma patrie et sa loi révérée.

Entre l'ardent tropique où règne le cancer,
Et la zône qu'attriste un éternel hiver,
S'étend le doux climat de l'Europe féconde.
Des glaces de l'Arcture au rivage où dans l'onde
Phœbus plonge les feux de son front pâlissant,
L'Océan de ses flots la presse en mugissant.
La Méditérannée au midi l'environne.
Du côté de l'Asie, où l'Orient rayonne,
Elle a pour ses confins le Tanaïs fameux
Qui des monts Riphéens roule un flot écumeux
Et la mer où les nefs de la Grèce indignée
Voguèrent vers Pergame à périr condamnée,

Victime des amours du coupable Pâris :
L'œil du navigateur cherche envain ses débris.
Non loin du pôle, on voit les monts Hyperborées,
Où frémissent des vents les fureurs conjurées.
Sur ces âpres sommets de neiges, de frimats
Pèse éternellement un immobile amas,
Et les noirs aquilons sur ces plages lointaines
Glacent le flot des mers et le cours des fontaines.
Là, des Scythes grossiers sont les peuples divers,
Qui jadis s'égaraient de déserts en déserts,
Et disputaient le nom de premiers-nés du monde
Aux peuples que le Nil abreuve de son onde. (2)
Le nord voit végéter au milieu des glaçons
Les durs Norwégiens, les indigents Lapons ;
Là, sont les fiers enfants de la Scandinavie,
Ces Goths dont le coursier foula Rome asservie.
Là, l'Océan sarmate étend un vaste bras,
Un golfe tortueux que parcourent les mats
Des Jutes, des Suédois, quand de la mer profonde
Le souffle de l'hiver n'a point enchaîné l'onde.
De cette mer lointaine aux bords du Tanaïs
L'intervalle comprend ces immenses pays,
Séjour de l'Esthien, du Russe, du Tartare,
Barbares descendants du Sarmate barbare.
Dans les monts d'Hercynie aux Marcomans altiers
Succèdent dignement les Polonais guerriers.
L'empire d'Allemagne à son trône suprême
Soumet Hongrie et Saxe, et Bavière et Bohême,
Et ces nombreux états, que d'un flot souverain
Partagent l'Elbe, l'Ems, le Danube et le Rhin.
Entre l'Ister rapide et ce détroit célèbre
Qui de la jeune Hellé fut la couche funèbre,

Sont les Thraces, longtemps chers au dieu des combats,
Intrépides chasseurs et robustes soldats :
Et pourtant sous le joug d'un conquérant sauvage
Le Rhodope et l'Hémus ont subi l'esclavage ;
La reine des cités, la ville des Césars
Au croissant orgueilleux a soumis ses remparts,
Et du grand Constantin frémit l'ombre sacrée
A l'aspect de Byzance aux Ottomans livrée.

Voici la Macédoine et les peuples fameux
Que baigne l'Axius aux flots impétueux.
Te voici, noble Grèce, en grands hommes féconde,
Mère des lois, des arts et lumière du monde,
Terre de l'éloquence et de la liberté !
Noble Grèce, ton nom jusqu'aux astres porté
Unit dans sa splendeur immortelle, infinie,
L'éclat de la victoire à l'éclat du génie.

Non loin des fiers remparts, ouvrage d'Anténor,
Venise élève aux cieux ses palais brillants d'or.
Humble dans sa naissance, aujourd'hui souveraine,
Au flot adriatique elle commande en reine.
Vois les champs d'Italus qu'environnent deux mers ;
De leur peuple autrefois releva l'univers,
Peuple dont le génie égala la vaillance,
Peuple roi par le glaive et par l'intelligence.
Pour ceinture les flots, les Alpes pour remparts,
L'Italie autrefois fut la terre de Mars :
Aujourd'hui, sous les lois des successeurs de Pierre,
Elle n'arbore plus l'étendard de la guerre ;
Son front a dépouillé son antique fierté :
Mais le dieu des Chrétiens chérit l'humilité !

Là, paraît aux regards la Gaule noble et fière,
La Gaule où de César s'illustra la bannière.
La Garonne, la Loire et le Rhône fougueux,
Et la Seine et le Rhin baignent ses champs heureux.
Elle confine aux monts où la nymphe Pyrène
Trouva sa sépulture, et dont la grande chaîne,
De ses flancs embrâsés versant ses minéraux,
Jadis d'argent et d'or fit couler des ruisseaux.
L'œil, du haut de ses rocs, sur l'Espagne s'arrête :
De la superbe Europe elle est comme la tête ;
Souvent elle éprouva les changements du sort ;
Mais toujours la fortune a fait un vain effort
Pour abattre sa force ou briser son courage ;
Elle relève un front plus fier après l'orage.
Elle va s'avançant vers les bords africains,
Et du détroit fameux qui sur ses bords lointains
Vit s'arrêter Alcide aux limites du monde,
Elle semble vouloir fermer l'entrée à l'onde.
Les deux mers de leurs flots baignent ses ports nombreux.
Elle porte en son sein vingt peuples valeureux,
Fiers et dignes rivaux d'héroïsme et de gloire ;
L'Aragonais célèbre aux fastes de l'histoire
Pour avoir à ses lois, orgueilleuse cité,
Rebelle Parthénope, asservi ta fierté ;
Le brave Asturien, le soldat de Pélage,
Qui repoussa l'effort du Musulman sauvage ;
Le froid Galicien ; le bouillant Navarrais,
Et ceux dont le Bétis arrose les guérets,
Les peuples de Séville et de l'Andalousie,
Ceux qu'enferment Grenade, et Valence, et Murcie,
Et l'altier Castillan que son heureux destin,
Rétablissant l'Espagne, en a fait souverain.

Le brillant Portugal, séjour de la vaillance,
Où la terre finit, où l'Océan commence,
Où le soleil s'éteint dans l'humide élément,
De l'empire espagnol est le couronnement.
Le juste ciel voulut que la Lusitanie
Triomphât des enfants de la Mauritanie
Et que, loin de ses bords rejetant leur fureur,
De l'Afrique à son tour elle fût la terreur.
Elle est mon doux pays et ma chère patrie :
Puissé-je, des autans surmontant la furie,
Vers ses champs regrettés empressé d'accourir,
Mon voyage accompli, les revoir et mourir !
A Lusus qui, cherchant les périlleux voyages,
Accompagna Bacchus dans ses pélerinages,
Ce pays doit son nom, ses premiers habitants.
Il compte avec orgueil tes succès éclatants,
O grand Viriathus, dont nulle renommée
N'éclipsera la gloire en tous les lieux semée,
Héroïque berger dont les puissantes mains
Arrêtèrent la foudre et l'aigle des Romains.

Le temps, qui dans son vol jamais ne se repose,
Enfantant, détruisant, dévorant toute chose,
Avait reçu du ciel l'auguste mission
D'établir les grandeurs de cette nation.
La volonté du ciel ainsi fut accomplie.
La puissance d'Alphonse en Espagne établie
Croissait de jour en jour; valeureux Castillan,
Il faisait bonne guerre au peuple Musulman
Et son bras redouté sur les champs de batailles
Dans les rangs sarrazins semait les funérailles.

Des colonnes d'Alcide aux rochers Caspiens
Volait son nom fameux révéré des Chrétiens
Et tous les chevaliers amoureux de la gloire
Venaient sous ses drapeaux s'instruire à la victoire.
De notre sainte foi généreux défenseurs,
Du foyer domestique ils fuyaient les douceurs;
Ils allaient, délaissant et famille et patrie,
Combattre sous les yeux du héros d'Ibérie :
Sa bonté libérale égala leur grand cœur
Et d'un noble salaire honora leur valeur.
L'intrépide Henri, fils du roi de Hongrie, (3)
Brillait aux premiers rangs de la chevalerie;
Alphonse lui donna du riche Portugal
La souveraineté, moins le titre royal;
Il l'en établit comte, et ce roi magnanime
Plus hautement encor signala son estime;
Par un doux hyménée au nouveau souverain
De Thérèse, sa fille, il accorda la main.
Henri, justifiant cette noble alliance,
En vingt combats heureux déploya sa vaillance;
Et, partout du Coran terrassant les soldats,
De triomphe en triomphe agrandit ses états.
Le ciel récompensa son généreux courage
En lui donnant un fils qui de son héritage
Porterait dignement le glorieux fardeau,
Le front ceint de lauriers et du royal bandeau.
Vainqueur des Sarrazins sur les rives du Tage,
Il les vainquit encor sur le sacré rivage
Du fleuve où se plongea le divin Rédempteur.
Il vit à Godefroi le Turc usurpateur,
D'épouvante frappé, rendre la Palestine
Et les murs de Solime et la tombe divine.

En Europe, en Asie ayant prouvé sa foi,
Le magnanime comte enfin subit la loi
Qu'à l'homme né mortel imposa la nature;
Il rendit à son Dieu son âme grande et pure.

A peine adolescent, mais plein d'un feu guerrier,
Son fils lui promettait un illustre héritier.
Déjà l'enfant-héros dans les champs de Bellone
A d'un laurier précoce ennobli sa couronne.
Sa mère (plût au ciel que la postérité
Pût douter d'un forfait par l'histoire attesté!)
Sa mère, de l'état prenant en main les rênes,
D'un second hyménée osa serrer les chaînes.
A son fils orphelin, sans respect de ses droits,
Elle enlève le fruit des paternels exploits,
Revendiquant pour dot les riches territoires
Que son époux obtint pour prix de ses victoires.
Au nom de son aïeul unissant sa valeur,
Alphonse n'a pu voir sans frémir de douleur
Le complice odieux d'une épouse volage
Du valeureux Henri dévorer l'héritage.
De le reconquérir il conçoit le dessein.
A l'indignation qui fermente en son sein
Il donne enfin l'essor, et suit avec constance
Les plans qu'avec sang froid médita sa prudence.
Champs de Guimaraens! du sang des Portugais
Une guerre intestine abreuva vos guérets.
Une mère, oubliant son sacré caractère,
Refusait à son fils le sceptre de son père.
Outrageant à la fois la nature et le ciel,
Elle n'écoutait plus qu'un amour criminel. (4)

De la rébellion la fureur est trompée ;
Alphonse au droit du sang joint le droit de l'épée.
Pour le jeune héros le sort a prononcé :
Il voit en un moment l'ennemi terrassé
Et les peuples soustraits à son obéissance,
Au devoir rappelés, rentrer sous sa puissance.
Mais, suivant du courroux les conseils inhumains,
Il a chargé de fers les maternelles mains,
Oubliant à son tour la loi de la nature
Dont toujours tôt ou tard le ciel venge l'injure.
La Castille, en faveur de la fille des rois,
Arme ses légions fières de leurs exploits.
Le héros intrépide ose affronter l'orage ;
La fortune est encor fidèle à son courage.
Dans leur superbe espoir les Castillans déçus
Ont cédé la victoire aux enfants de Lusus.
Mais bientôt les vaincus ont réparé leurs pertes ;
De leurs nombreux soldats les plaines sont couvertes
Et dans Guimaraens étroitement pressé
D'une prompte ruine Alphonse est menacé.
Mais le fidèle Égas pour lui se sacrifie ;
Égas sauve son maître au péril de sa vie.
Des guerriers castillans il va trouver le roi ;
Il lui promet du comte et l'hommage et la foi,
S'il le veut laisser libre et retirer l'armée
Qui d'un cercle de fer tient la ville enfermée.
Comptant sur la parole et la vertu d'Égas,
Le prince de Castille éloigne ses soldats.
Mais du jeune héros la superbe vaillance
Refuse de tenir un serment qui l'offense.
Au jour que lui marquait un odieux traité,
Le vassal attendu ne s'est point présenté.

Égas, que la Castille accuse de parjure,
Donne un signe éclatant de sa loyauté pure.
Noblement résolu d'offrir sa tête au roi,
Par un beau dévouement il rachète sa foi.
Il part, accompagné de ses fils, de sa femme,
Épaules et pieds nus, en criminel infâme.
« Grand prince, à ta merci je viens livrer mes jours,
Dit-il ; à ton courroux donnant un libre cours,
Venge-toi ; punis-moi d'un serment téméraire.
J'amène à tes genoux mes enfants et leur mère ;
Frappe-les, tu le peux, si ton cœur y consent,
Si ton bras peut tremper dans le sang innocent.
Mais ma voix et ma main sont seules criminelles ;
Prépare pour moi seul les souffrances cruelles ;
Punis-moi du tourment par Pérille inventé ;
Je souscris à mon sort ; je l'aurai mérité. »
Tel, déjà de la mort sentant l'amer calice,
La tête sous le fer, instrument du supplice,
Un condamné, perdu sans espoir de secours,
N'attend plus que le coup qui doit trancher ses jours ;
Tel, du prince irrité provoquant la justice,
Égas lui présentait sa vie en sacrifice.
Mais de tant de vertu le monarque est frappé ;
Le courroux de son cœur s'est soudain dissipé.
O loyauté touchante ! ô dévouement sublime !
Qu'a-t-il fait de plus beau, ce Perse magnanime
Qui sillonna de coups son front ensanglanté
Pour ouvrir à son maître une grande cité,
Ce héros dont le roi qui le pleure et l'admire
Disait : O mon fidèle, ô mon brave Zopire,
Pour racheter ton sang, je donnerais vingt fois
Les remparts que tu viens de ranger sous mes lois ?

Mais déjà sous Alphonse une invincible armée,
Par son valeureux prince au combat animée,
Franchit les flots du Tage aux bords délicieux
Et va porter la guerre au Maure audacieux.
Déjà flotte arborée aux campagnes d'Ourique
Du jeune conquérant la bannière héroïque.
Les Portugais, brûlants d'une noble chaleur,
Sont faibles par le nombre et grands par la valeur.
Chacun d'eux dans la lutte aura cent adversaires;
Mais ils ne comptent pas sur des secours vulgaires;
Leur espoir est au Dieu qui porte dans ses mains
Le destin des états et de leurs souverains.
Cinq rois des Sarrazins guident l'ardent courage,
Tous vaillants, tous nourris de guerre et de carnage;
Ismar, entre ces chefs, pour son habileté,
Pour ses brillants exploits dès longtemps est vanté.
A leur suite paraît mainte noble Amazone,
S'élançant sur leurs pas dans les champs de Bellone;
Telle, quittant les bords du riant Thermodon,
Volait Penthésilée au secours d'Ilion.
A la douce clarté de l'aube matinale
Allait s'ouvrir des cieux la porte orientale,
Lorsqu'aux regards d'Alphonse entouré de splendeur
Une croix lumineuse offrit le rédempteur.
« Grand dieu, s'est écrié dans l'ardeur de son zèle
Le héros portugais, réserve à l'infidèle
Ce prodige éclatant, mais inutile à moi
Qui crois en ta puissance et suis plein de ta foi. »
Cependant, ce miracle a transporté l'armée,
Et, d'un nouvel amour pour son prince enflammée,
Elle proclame roi d'un accord solennel
Le héros qu'à son choix à désigné le ciel.

Dans le camp des Chrétiens, en présence du Maure,
Un cri se fait entendre, un cri vaste et sonore,
Interprète puissant du vœu national :
« Vive Alphonse premier, le roi de Portugal ! »

Comme un dogue, animé par des cris de carnage,
S'élance en aboyant contre un taureau sauvage,
Déchire avec fureur ses oreilles, son flanc,
En fait par noirs sillons couler des flots de sang,
Et, vainqueur, jette enfin son terrible adversaire
Epuisé, haletant et meurtri sur la terre;
Tel, aux cris des soldats et comme eux excité
Par le divin prodige à ses yeux présenté,
Contre les Sarrazins le roi se précipite,
Suivi de ses guerriers, noble et vaillante élite.
D'un assaut imprévu l'infidèle surpris
S'arme en poussant aux cieux d'épouvantables cris;
Chacun saisit soudain son arc, son cimeterre
Et l'airain des combats sonne le chant de guerre.

Au souffle impétueux des piquants aquilons,
Si le feu se propage en d'arides sillons,
Et dévore à grand bruit le chaume, les bruyères,
Le pâtre, dont Morphée avait clos les paupières,
En sursaut éveillé par la flamme en fureur
Vers le hameau voisin s'enfuit plein de terreur;
Tel le Maure, troublé de soudaines alarmes,
En tumulte, au hasard cherche et saisit ses armes.
Toutefois, loin de fuir, ses braves cavaliers
En avant ont poussé leurs agiles coursiers.
De nos fiers Portugais la phalange intrépide
Soutient, la lance au poing, cette charge rapide;

Plus d'un Maure est atteint; d'autres de tous côtés,
Invoquant Mahomet, courent épouvantés.
Mais bientôt on redouble et d'efforts et de rage;
Un combat acharné sur tous les points s'engage;
Le superbe animal qu'enfanta le trident
Bondit, se précipite, impétueux, ardent.
De l'effroyable choc retentit la vallée;
Un mont en frémirait sur sa base ébranlée.
On frappe, on est frappé; mais au fer portugais
Tout cède, boucliers, mailles et corselets;
Il entame, il bosselle, il fend, rompt ou fracasse
L'acier le mieux trempé, la plus forte cuirasse.
Les têtes et les bras volent de toutes parts;
Les corps jonchent le sol de leurs troncons épars;
Des mourants et des morts les débris s'amoncellent
Et des torrents de sang dans la plaine ruissellent.
Ces champs si beaux naguère et si riants à l'œil
Ne lui présentent plus qu'un spectacle de deuil;
Le meurtre aux doux gazons imprime sa souillure,
Et le carnage fume où brillait la verdure.
Le Portugais joyeux recueille le butin
Que lui laisse en fuyant l'effroi du Sarrazin.
Durant trois jours entiers, célébrant sa victoire,
Alphonse campe aux lieux, théâtre de sa gloire.
Sur son bouclier blanc cinq écussons d'azur
En furent à jamais le signe illustre et sûr,
Emblême qui rappelle et transmet d'âge en âge
Le souvenir des rois vaincus par son courage. (5)

Mais bientôt, poursuivant le cours de ses exploits,
Alphonse va ranger Leiria sous ses lois.

Il soumet d'Arronchès les murailles hautaines,
La noble Santarem et ses riantes plaines
Où le Tage promène un flot paisible et pur ;
De Mafra sous ses coups déjà tombe le mur ;
Il subjugue Cintra sur ces monts où Diane
Jadis voyait s'enfuir sous l'onde diaphane
Les nymphes qui d'amour fuyaient les doux réseaux
Et que ses traits de feu poursuivaient sous les eaux.
Toi, qu'éleva la main du héros dont l'adresse
Livra les murs de Troie aux flammes de la Grèce,
Toi, qui sur les cités lèves ton front puissant,
Et qu'adore des mers le flot obéissant,
Vois-tu, fière Lisbonne, Alphonse qui s'avance
Et les guerriers du Nord secondant sa vaillance ?
Des bords de la Tamise et de l'Elbe et du Rhin,
Allant porter la guerre au peuple sarrazin,
De Bretons, d'Allemands une pieuse armée
Sur le vaste Océan voguait vers l'Idumée.
Elle entre dans le Tage, et sous ses fiers remparts
Bientôt Lisbonne a vu flotter les étendards
Des fils de l'Angleterre et de la Germanie
Joints au noble drapeau de la Lusitanie.
Phœbé cinq fois, cachant et dévoilant ses feux,
Avait renouvellé son disque lumineux,
Lorsque fut résolu dans un combat terrible
Le sort d'une cité si longtemps invincible.
Envain le désespoir et toutes ses fureurs
De ce choc meurtrier prolongent les horreurs ;
Rien n'arrête un héros que le ciel favorise ;
Le Portugal triomphe, et Lisbonne est conquise.
Ainsi de notre Alphonse elle a subi les lois,
Cette grande cité, si superbe autrefois,

Qui, devant les guerriers de la froide Scythie
Refusant d'incliner sa tête assujettie,
Seule avait repoussé leurs flots dévastateurs,
Quand, de l'Ebre et du Tage heureux triomphateurs,
Ces peuples, dont le nom survit dans la Bétique,
Parcouraient, dévastaient, changeaient le monde antique.

Lisbonne ayant cédé, quels remparts désormais
Prétendraient résister au fer des Portugais?
La victoire en tous lieux les couvre de ses ailes;
Chaque jour pour leur front a des palmes nouvelles.
L'Estramadure entière à nos armes se rend;
Torrès-Vedras subit la loi du conquérant;
Obidos s'y soumet, et parmi ses fontaines
Alemquer du vainqueur n'évite pas les chaînes.
Vous soumettez aussi vos superbes guérets,
Campagnes d'outre-Tage, empire de Cérès;
Vous livrez vos trésors à nos mains souveraines.
Maure, n'espère plus la moisson de ces plaines;
D'Elvas et de Moura, jadis tes boulevarts,
De Serpa, d'Alcacer vois tomber les remparts.
Vois tomber d'Évora l'antique et noble ville,
Du fier Sertorius inexpugnable asile,
Qui reçoit dans ses murs le flot de vingt ruisseaux
Suspendus dans les airs sur cent et cent arceaux:
Du hardi Giraldo vois l'étonnante audace
De ton joug odieux délivrer cette place.

Le roi, toujours brûlant d'accroître ses lauriers,
Toujours pressant le cours de ses travaux guerriers,
Va venger sur Béja la chûte de Trancose.
Il brise les remparts qu'à ses coups elle oppose,

Et, par un châtiment terrible et mérité,
Livre au tranchant du fer son peuple épouvanté.
Palmela s'est rendue et Cézimbre après elle,
Cézimbre qui du roi qu'à son aide elle appelle
Voit, du haut de ses rocs, les soldats orgueilleux
Fuyant du Portugais le bras victorieux.
C'était le souverain dont ton obéissance,
Superbe Badajoz, attestait la puissance.
En brillant appareil quatre mille chevaux,
De nombreux fantassins marchaient sous ses drapeaux.
Mais ainsi qu'au printemps, quand la génisse errante
Va paissant les gazons de la plaine odorante,
Le taureau furieux dans sa jalouse ardeur
Attaque en mugissant l'imprudent voyageur,
Ainsi sur l'ennemi fond l'intrépide Alphonse;
Son redoutable fer dans les rangs qu'il enfonce
A son bouillant courage ouvre un large chemin;
Déjà, pâle et tremblant, fuit le roi Sarrazin,
Et comme lui, d'Alphonse évitant la poursuite,
Ses guerriers ont cherché leur salut dans la fuite.
Soixante cavaliers ont causé cet effroi.
C'est peu : des Portugais l'infatigable roi,
Ayant, sans perdre temps, assemblé son armée,
Dès longtemps sous son ordre à vaincre accoutumée,
Assiége Badajoz, et son bras redouté
Ajoute à ses états cette grande cité.

Mais le ciel qui souvent ajourne sa vengeance,
Soit pour attendre l'heure où vient la repentance,
Soit par un plan secret dont nos débiles yeux
Ne peuvent pénétrer le but mystérieux,

CHANT III.

D'Alphonse livre enfin la fortune lassée
Aux malédictions d'une mère offensée.
A peine Badajoz à son sceptre est soumis,
Qu'à son tour il s'y voit entouré d'ennemis ;
Le prince de Léon réclame le domaine
De ces murs où jadis sa loi fut souveraine.
Du héros Portugais, en volant au combat,
Sur les portes d'airain le fier coursier s'abat ;
Le roi, non moins ardent, au carnage s'élance ;
Mais, tout sanglant déjà, meurtri, vaincu d'avance,
Alphonse enfin succombe ; Alphonse est dans les fers.
Résigne-toi, Pompée, à tes fameux revers !
Pardonne à Némésis qui, t'ôtant la victoire,
Eleva ton beau-père aux dépens de ta gloire.
Du Phase impétueux illustre conquérant,
Toi, qui domptas Syène au soleil dévorant,
Et la molle Sophène et l'antique Judée,
Où du seul et vrai Dieu se conserva l'idée,
Et les champs de Colchos où brilla la toison
Qu'allèrent conquérir les héros de Jason ;
Le dur Cilicien, la riche Bithynie,
Et le Scythe, et l'Arabe et la haute Arménie
Qui de son mont sacré voit deux fleuves pompeux
S'épandre et déployer leur flot majestueux ;
Toi, dont la renommée a parcouru la terre
Du brûlant équateur jusqu'à l'ourse polaire,
Guerrier dont la victoire a guidé les soldats
Des rochers du Taurus aux rochers de l'Atlas,
Si la fortune, un jour à tes armes fatale,
Trahit tes étendards aux plaines de Pharsale,
Résigne-toi, Pompée, à ce fameux revers :
Le fier vainqueur d'Ourique, Alphonse est dans les fers.

La justice divine est enfin apaisée,
Et le héros captif voit sa chaîne brisée.
Il ressaisit ce fer que ses vaillantes mains
Ont plongé tant de fois au sang des Africains.
Lorsqu'enfin par les ans sa valeur est trompée,
A de plus jeunes mains il remet son épée.
Sanche, son noble fils, son digne lieutenant,
Poursuit le cours heureux de ce règne étonnant ;
Entouré de guerriers qu'anime son courage,
Chassant les Musulmans loin des rives du Tage,
Il grossit des ruisseaux de leur sang détesté
Le flot qui de Séville arrose la cité.
Pour ce jeune héros c'est peu d'une victoire ;
Brûlant de conquérir une longue mémoire,
A de nouveaux exploits il s'élance, et déjà
Les Maures ont levé le siége de Béja.
Ils s'éloignent vaincus, mais gardant l'espérance
De tirer une prompte et terrible vengeance.
De Tingis, d'Ampeluse et des rochers d'Atlas
Volent à leur secours d'innombrables soldats,
Et la Mauritanie aux fiers accents de guerre
De ses noirs bataillons au loin couvre la terre.
De l'émir des émirs treize rois, ses vassaux,
Aux champs du Portugal ont suivi les drapeaux ;
Il s'avance à leur tête, et, marquant son passage
Par les feux dévorants et l'horreur du carnage,
De ces rois basanés le farouche empereur
Investit Santarem qui brave sa fureur.
Envain, multipliant ses efforts homicides,
Il joint aux fiers assauts les embûches perfides.
Ni les feux souterrains, ni les pesants beliers
Ne peuvent effrayer Sanche et ses chevaliers.

Le héros, unissant l'audace et la prudence,
Se défend avec art, combat avec vaillance.
Cependant le vieux roi des durs travaux de Mars
Se reposait enfin dans tes heureux remparts,
Superbe Coïmbra, dont les plaines fleuries
Doivent au Mondégo leurs vertes draperies.
Le feu de son jeune âge est encor dans son cœur.
Les périls de son fils réveillant sa vigueur,
Il vole, accompagné d'une élite guerrière,
Dont toujours la victoire a suivi la bannière.
Entre un roi dont cent fois elle a guidé les pas
Et l'Africain barbare, elle n'hésite pas.
Le Portugais vainqueur au loin jonche la plaine
Des turbans, des manteaux de l'armée africaine,
De coursiers abattus, de harnois fracassés,
De cadavres sanglants l'un sur l'autre entassés.
Des Musulmans défaits à peine un faible reste
Fuit ce champ de bataille à leurs armes funeste.
Mais l'émir des émirs ne fuit pas avec eux ;
Sur ce sol étranger la mort ferme ses yeux.
Alphonse au Dieu puissant qui donne la victoire
De ce jour mémorable a rapporté la gloire,
Et du camp portugais s'élève jusqu'au ciel
En longs accents de joie un hymne solennel.

Ce roi, qui signalant sa valeur plus qu'humaine,
Soumit tant de cités à sa loi souveraine,
Alphonse enfin du Temps subit les dures lois.
Les ans chargent son front accablé de leur poids,
Et, payant le tribut qu'il doit à la nature,
Le héros expiré gît dans la sépulture,

Triomphe de la mort sur un prince indompté,
Qui par le trépas seul put être surmonté !
On entendit, au lieu des beaux cris de victoires,
Un long gémissement sur les hauts promontoires,
Et, grossis de leurs pleurs, les fleuves débordés
Coururent à grands flots dans les champs inondés.
Partout le désespoir de la Lusitanie
Célébra de son roi la grandeur infinie;
Mais en vain les échos du Portugal en deuil
Disaient : Alphonse, Alphonse !.. Il était au cercueil.

Le jeune successeur du plus grand des monarques
Déjà de sa vaillance avait donné des marques ;
Déjà le noble Sanche en de brillants combats
Avait fait admirer la force de son bras.
Du fleuve qui parcourt la Bétique féconde
Par lui des Musulmans le sang a rougi l'onde;
Dans les champs de Séville ils sont tombés sous lui ;
Devant lui sous Béja leurs bataillons ont fui.
Don Sanche à peine est roi que Sylves, dont les plaines
Cèdent leurs blonds épis à des mains africaines,
Le voit sous ses remparts déployer ses drapeaux.
De la mer Atlantique alors fendait les eaux
Une escadre puissante et de la Batavie
Voguant vers la Judée à Lusignan ravie.
D'une brûlante soif les tourments douloureux
Ont vaincu les soldats de ce roi généreux
Et les murs où du Christ s'accomplit le martyre
Du vaillant Saladin ont reconnu l'empire.
L'illustre Barberousse, empereur des Germains,
Pour venger les saints lieux avait armé ses mains;

Et sous ce noble chef une armée aguerrie
Des remparts byzantins marchait vers la Syrie.
Les nefs qui lui portaient des armes, des renforts,
De la Lusitanie ayant touché les bords,
Les Germains ont compris que combattre le Maure,
Pour la sainte cité c'était combattre encore;
Aidé de leurs guerriers, comme Alphonse autrefois
Rangea par leurs secours Lisbonne sous ses lois,
De Sylves à leurs bras Sanche doit la conquête.

Redoutable ennemi des peuples du Prophète,
Il n'est pas moins terrible à ces fiers Léonais,
Audacieux voisins du peuple Portugais.
De vingt autres cités hâtant l'obéissance,
La superbe Tuy fléchit sous sa puissance.
Puis, sur tant de lauriers par la mort abattu,
Il laisse un héritier de sa mâle vertu,
Alphonse par le nom comme par le génie,
Et le troisième roi de la Lusitanie.
Le siège d'Alcacer rendit son nom fameux,
Cette grande Alcacer, dont les murs orgueilleux,
Tant de fois pris, repris en de longues querelles,
Sont enfin pour jamais purgés des infidèles.
Il meurt. Sanche second, prince faible, indolent,
Est l'indigne héritier d'un héros si vaillant;
Menant ses volontés au gré de leurs caprices,
D'odieux favoris l'infectent de leurs vices;
Il végète avili sous leur honteuse loi,
Et le peuple indigné demande un autre roi.

A-t-il, pour mériter de perdre son empire,
Imitant de Néron le monstrueux délire,

Outragé la nature en ses affreux transports?
De l'effroyable inceste a-t-il souillé son corps?
A-t-il de ses états brûlé la capitale?
A-t-il en voluptés vaincu Sardanapale?
Détestable tyran, bourreau de ses sujets,
A-t-il de Phalaris égalé les forfaits,
Et, signalant sa rage en cruautés féconde,
De supplices nouveaux épouvanté le monde?
Non; mais un peuple fier, ennemi du repos,
Qui n'avait pour ses rois comptés que des héros,
Ne saurait séparer le sceptre et son estime
Et dans son souverain veut un cœur magnanime.
Tandis que, dans Tolède implorant un abri,
Sanche, encor roi de nom, vit obscur et flétri,
Le comte de Boulogne accourt, et sa prudence
Pour le lâche monarque exerce la régence.
Le comte, après son frère, au trône est élevé;
C'est Alphonse le brave, à la guerre éprouvé;
Son grand cœur est gêné dans l'étroite limite
De l'état trop restreint que de Sanche il hérite.
Des Algarves, jadis le prix de sa valeur,
Bientôt il a chassé le Maure usurpateur;
Terrassant du Coran les légions altières,
De la Lusitanie il étend les frontières
Et du sceptre brisé des Musulmans vaincus
Affranchit à jamais la terre de Lusus.

Après lui, vient un roi que mon pays révère,
Denis, digne héritier d'un si glorieux père :
De son règne fameux l'immortelle splendeur
Du siècle d'Alexandre éclipse la grandeur.

La paix, la douce paix, depuis long-temps bannie,
Descend enfin des cieux sur la Lusitanie,
Et partout, aux rayons de ses divins regards,
Fait refleurir les mœurs et les lois et les arts.
Coïmbra, ville heureuse, enfin voici ton heure!
Minerve dans tes murs établit sa demeure;
Les Muses, d'Hélicon délaissant les forêts,
Foulent du Mondégo les bords riants et frais.
Apollon se complaît auprès de tes fontaines;
Il fait de tes remparts une nouvelle Athènes,
Où sur les nobles fronts, de la science épris,
Il tresse au laurier vert l'or et le baccharis.
Des forts et des châteaux, détruits par les batailles,
Ses prévoyantes mains réparent les murailles
Et dans le Portugal muni de toutes parts
S'élèvent à sa voix cent superbes remparts.

A ce prince, adoré de la Lusitanie,
Le ciseau d'Atropos laissa longtemps la vie,
Et, conservant des jours si chers, si précieux,
Trompa longtemps l'espoir d'un fils ambitieux.
Ce fils, Alphonse quatre, eut d'ailleurs en partage
Des héros Portugais l'ardent et fier courage.
Instruit à mépriser l'orgueil des Castillans,
Mais terrible avant tout aux peuples Musulmans,
Contre un nouvel assaut du vaillant Bérébère
Il prête à la Castille un appui tutélaire.
De Grenade et de Fez les monarques altiers
Dans les champs de Tariffe assemblaient leurs guerriers,
Et, d'un superbe espoir repaissant leur furie,
De leur joug odieux menaçaient l'Ibérie :

Sémiramis d'un camp si fier, si fastueux
N'a jamais étonné l'Hydaspe impétueux ;
Et jamais Attila, fléau sanglant du monde,
Ne vit, à sa parole en ruines féconde,
Rouler vers l'Occident de tels flots de soldats.
Le prince castillan tremble pour ses états ;
Il craint de voir l'Espagne, à son sceptre ravie,
Une seconde fois à l'Arabe asservie.

L'épouse qu'à son sort joint le nœud conjugal,
Maria, doit le jour au roi de Portugal :
Elle va de ce roi fameux par sa vaillance
En faveur d'un époux implorer l'assistance.
Le roi contre son cœur joyeux de la revoir
La presse avec amour : « O notre seul espoir,
O mon père, dit-elle, écoute ma prière.
Les farouches soldats de l'Afrique guerrière
Sous l'émir des émirs ont de leurs bataillons,
Comme un affreux déluge, inondé nos sillons.
Depuis que de son flot la mer bat ses rivages,
Jamais on n'avait vu des guerriers si sauvages ;
De leur noire fureur les barbares transports
Jusque dans leurs tombeaux épouvantent les morts.
Le prince généreux à qui tu m'as unie
Soutient seul les efforts de la Mauritanie ;
Pour défendre le peuple à sa garde commis
Il offre sa poitrine aux glaives ennemis.
Si tu ne le secours, sa perte est assurée ;
Et moi, veuve plaintive, au désespoir livrée,
Dans un exil obscur j'irai traîner mes jours,
Sans états, sans époux, hélas ! et sans amours.

O toi, dont le seul nom, formidable à l'Afrique,
Glace d'effroi les flots du rivage atlantique,
Par ma voix la Castille implore ta valeur;
D'un peuple malheureux sois le libérateur.
Ah ! si cette bonté qui brille en ton visage
De ton amour de père est un sûr témoignage,
Vole au secours d'un fils qui compte les instants;
Demain, demain peut-être il ne sera plus temps. »
Telle autrefois Vénus, d'une voix gémissante,
Pour son fils égaré sur l'onde mugissante
Implorait le secours du roi des Immortels.
Jupiter, attendri par ses pleurs maternels,
Jeta sur la déesse un regard tutélaire,
Et des noirs aquilons enchaîna la colère.

Déjà les escadrons par Alphonse appelés
Dans les champs d'Evora sont en foule assemblés;
Aux rayons du soleil les armes resplendissent;
Sous les harnais dorés les fiers coursiers hennissent,
Et du clairon bruyant, dont les sons belliqueux
Du sommeil de la paix ont réveillé les preux,
La voix retentissante ébranle les campagnes
Et d'échos en échos roule dans les montagnes.
Le chef de ces guerriers, le roi de Portugal,
S'avance, précédé de l'étendard royal;
Son front majestueux sur tous les fronts domine;
Le plus grand par le cœur comme par l'origine,
De son bouillant courage il remplit ses soldats,
Et bientôt, de son gendre atteignant les états,
Il entre, accompagné de sa royale fille,
Sur la terre soumise au sceptre de Castille.

Les deux rois alliés, de vaillance rivaux,
Dans les champs de Tariffe arborent leurs drapeaux.
Devant eux s'étendait, couvrant et monts et plaines,
L'innombrable ramas des troupes africaines.
Le guerrier le plus ferme, en voyant tant d'apprêts,
Sentirait à bon droit quelques troubles secrets,
Si, se fortifiant d'une sainte assurance,
Il ne mettait au Christ sa foi, son espérance.
Ces vils enfants d'Agar, ce peuple vagabond,
Qui des fiers Sarrazins s'arrogent le grand nom,
Insultant aux Chrétiens, raillent la noble élite
Qui prétend s'opposer au peuple Ismaélite,
Et déjà, nous croyant abattus et domptés,
Partagent en espoir notre or et nos cités.
Tel jadis, à l'aspect du débile adversaire
Qui venait sans armure affronter sa colère,
L'arrogant Philistin, le géant orgueilleux,
Dont la stature immense effrayait les Hébreux,
De son humble ennemi dédaignait la faiblesse;
Mais d'un caillou vengeur David au front le blesse,
L'étend sur la poussière, et montre en son trépas
Ce qu'aidé par le ciel, peut le plus faible bras :
Tel, raillant les Chrétiens, le Musulman stupide
Ne se souvenait plus qu'ils avaient pour égide
Le suprême pouvoir qui régit l'univers
Et sous son ascendant fait trembler les enfers.

Dans un ordre prudent, mais avec confiance,
Contre les Africains le Castillan s'élance;
Sur le camp de Grenade avec plus de fureur
Fond le roi Portugais qu'emporte son ardeur.

On s'attaque, on se mêle, on croise les épées;
Les cuirasses d'airain par les lances frappées
Retentissent. Ces cris dévots et belliqueux,
Saint-Jacques, Mahomet! s'élèvent jusqu'aux cieux.
Des plaintes des blessés les airs au loin gémissent :
Des ruisseaux de leur sang les vallons qui s'emplissent
Forment un lac horrible où meurent engloutis
Ceux que du fer tranchant la fuite a garantis.
Des guerriers Portugais le triomphe est rapide;
Tout cède à leurs élans, à leur fougue intrépide;
Le soldat de Grenade à leur fer meurtrier
De sa pesante armure oppose en vain l'acier.
Alphonse, non content de sa prompte victoire,
Va soudain conquérir une nouvelle gloire
Et prêter le secours de ses vaillantes mains
Aux Castillans pressés par les noirs Africains.
L'astre dont les rayons illuminent le monde
Précipitait son char vers la plaine profonde
Et l'étoile du soir déjà brillait aux cieux,
Quand fut anéanti le Maure audacieux.
Jamais, avant ce jour, sur les champs de batailles
Mars n'avait entassé de telles funérailles.
Jadis aux champs gaulois sous le fer des Romains
Marius vit tomber trois fois moins de Germains,
Lorsque ses légions, du combat haletantes,
Abreuvèrent leur soif dans les ondes sanglantes;
Et des chevaliers morts alors que par boisseaux
Le superbe Annibal mesurait les anneaux,
Il avait assouvi par un moindre carnage
Sa haine héréditaire et les dieux de Carthage.
Par toi seul, ô Titus, tant d'innombrables morts
Ont du noir Achéron peuplé les sombres bords,

Le jour où de Sion dans l'erreur obstinée
Succomba sous tes coups la cité condamnée ;
Car du Dieu qui des Juifs punit l'aveuglement
Ton bras, ton faible bras n'était que l'instrument ;
Par lui s'accomplissait contre un peuple coupable
Des Voyants et du Christ l'arrêt irrévocable.

Après ce triomphant et mémorable jour,
Au sein de ses états Alphonse de retour
Espérait désormais, sans trouble et sans orage,
Loin des camps achever son terrestre voyage.
Il voit ses derniers jours enveloppés de deuil.
Toi, qui sauves les noms de l'oubli du cercueil,
Mémoire, dis le sort de cette infortunée
Qui ne fut qu'en sa tombe et reine et couronnée.
Amour, tyran des cœurs qui vivent sous ta loi,
Ce cœur, trop tendre, hélas ! était rempli de toi ;
Devais-tu le punir comme un sujet rebelle,
Lui qui t'obéissait en esclave fidèle !
Amour, il est donc vrai, nos soupirs et nos pleurs
Ne sauraient assouvir tes barbares rigueurs ;
Inexorable dieu, tu veux d'autres offrandes,
Et c'est du sang humain, cruel, que tu demandes.

Au printemps de ton âge, aimable Inez, tes jours
Coulaient, beaux et riants, dans leur tranquille cours ;
Toute aux doux sentiments d'amour et de tendresse,
Rêves charmants et courts de l'aveugle jeunesse,
Aux bords du Mondégo, dont les flots gracieux
Reflétaient ton sourire et l'azur de tes yeux,
Tu faisais répéter aux vallons, aux prairies,
D'un nom toujours présent les syllabes chéries.

CHANT III.

Le noble et digne objet de tes rêves heureux
Répondait par l'amour à ton cœur amoureux;
Sans cesse avec transport à son âme enivrée
Don Pèdre retraçait ta mémoire adorée,
La nuit, dans un doux songe où brillaient tes appas,
Le jour, dans ses pensers qui volaient sur tes pas.
Partout au souvenir de cet amant fidèle
Rayonnait ton image et la joie avec elle.
Hymen à d'autres feux le sollicite envain;
Des plus fières beautés il rejette la main.
Car, Amour, pour un cœur de ta loi tributaire,
Rien, hors l'objet aimé, n'a de prix sur la terre.
Cependant le vieux roi voit à regret son fils,
Contre le vœu d'un père et le vœu du pays,
Repoussant un hymen conforme à sa naissance,
Nourrir un sentiment dont sa gloire s'offense :
Pour arracher le prince à ton pouvoir trop fort,
Alphonse, belle Inez, a résolu ta mort;
De l'amour où don Pèdre abandonna son âme
Le barbare en ton sang veut éteindre la flamme.
Se peut-il qu'un héros fameux dans les combats
A de pareils exploits veuille abaisser son bras,
Et que contre une femme il lève son épée
Du sang des Sarrazins plus noblement trempée!
Le roi, voyant Inez, l'objet de son courroux,
Par de cruels bourreaux traînée à ses genoux,
Est ému de pitié; mais du peuple insensible
L'affreuse voix l'emporte et le rend inflexible.
Inez pleure et gémit, non point sur son trépas,
Sa noble fermeté ne s'en étonne pas;
Elle plaint son époux, elle plaint la misère
De ses faibles enfants, orphelins de leur mère.

6

Levant au ciel ses yeux de tendres pleurs baignés,
Ses yeux !.. Un dur lien tient ses bras enchaînés !
Puis, sur ces orphelins qui causent ses alarmes
Ramenant ses regards et répandant des larmes,
Elle parle en ces mots : « Les monstres des déserts,
Les tyrans des forêts, et les tyrans des airs
Ont souvent, à l'aspect de la naïve enfance,
D'un naturel sauvage oublié l'inclémence ; (6)
Toi, qui portes d'un homme et les traits et le cœur,
(Si pourtant un cœur d'homme eût poussé la rigueur
Jusqu'à punir de mort l'excusable faiblesse
D'avoir d'un noble amant partagé la tendresse),
O roi, de ses enfants qui te tendent les bras
Pourras-tu sans pitié commander le trépas ?
Si ton oreille est sourde à la voix de leur mère,
Qu'au moins ces innocents désarment ta colère.
Toi qui, dans les combats, d'une invincible main
As su donner la mort au farouche Africain,
Sache aussi, roi puissant, sache donner la vie ;
Je n'ai point mérité qu'elle me fût ravie.
Si mon amour, hélas ! te semble criminel,
Punis-moi par l'exil, par l'exil éternel.
Dans la froide Scythie ou dans l'ardente Afrique,
Sous les glaces du nord, sous les feux du tropique,
Au gré de ton courroux, de tes arrêts vengeurs,
J'irai cacher mon deuil et vivre de mes pleurs.
Du tigre dévorant et du lion sauvage,
Seule au fond des déserts, j'affronterai la rage ;
Et peut-être, ô mortels de mon bonheur jaloux,
Ils seront à mes maux plus sensibles que vous.
Là, de mon bien-aimé nourrissant ma pensée
Et portant son image en mon âme tracée,

J'éleverai les fils, gages de nos amours,
Et mon exil encor leur devra d'heureux jours. »

Ce discours si touchant, cet accent d'innocence,
Belle Inez, du monarque éveillaient la clémence ;
Il allait pardonner ; mais le peuple et le sort
Maintiennent ton arrêt et réclament ta mort.
De ce roi malheureux les conseillers perfides
Déjà lèvent sur toi leurs glaives homicides.
Les voilà donc changés en lâches meurtriers,
En bourreaux d'une femme, eux, nobles chevaliers !
Comme on vit autrefois par la Grèce assemblée
Aux mânes d'un héros Polyxène immolée,
Tranquille, obéissante, ainsi qu'un faible agneau,
Offrir sa jeune tête au tranchant du couteau,
En jetant sur sa mère un regard doux et tendre
Qui, comme un rayon pur, des cieux semblait descendre ;
Telle apparut Inez sous le fer assassin.
Son sang coule, inondant l'albâtre de son sein,
Et son front gracieux où brillaient tant de charmes,
Et ces lys si souvent arrosés de ses larmes.
Les meurtriers ardents, qu'aveugle leur fureur,
Ne se souviennent pas qu'il lui reste un vengeur.

Alors que sous leurs coups Inez tomba mourante,
Tu devais, ô soleil, reculer d'épouvante,
Comme au jour où, d'Atrée abhorrant le festin,
Tu voilas les splendeurs de ton flambeau divin.
O vallons, que sa bouche expirante et plaintive
Frappa des derniers sons de sa voix fugitive,
Vos échos attendris ont redit longuement
Le nom, le nom si cher de son fidèle amant.

Telle qu'à peine éclose, une fleur bocagère,
Par les folâtres mains d'une jeune bergère
Pour orner ses cheveux cueillie avant le temps,
Perd avec son parfum ses reflets éclatants,
Et périt, de sa tige à regret séparée ;
Telle apparaît Inez, froide et décolorée ;
Sous la main de la mort son doux regard s'éteint
Et la pâleur succède aux roses de son teint.

Nymphes du Mondégo, longtemps inconsolables,
Vous pleurâtes d'Inez les destins lamentables ;
Et le flot de vos pleurs forma dans ce vallon
La fontaine qu'Amour consacra de son nom.
Cette source à jamais conserve à la mémoire
Et les attraits d'Inez et sa tragique histoire ;
Envain ses bords charmants sont émaillés de fleurs ;
Fontaine des Amours, ses ondes sont des pleurs.

Mais don Pèdre bientôt s'arme pour la vengeance.
Les bourreaux fugitifs, que poursuit sa sentence,
Par un autre don Pèdre en ses mains sont remis.
Implacables tous deux envers leurs ennemis,
Les deux rois sont unis par un pacte inflexible,
Qui du triumvirat est l'image terrible.
Don Pèdre à l'adultère, aux meurtres, aux forfaits,
Redoutable vengeur, ne pardonna jamais ;
Mais il semblait heureux d'ordonner un supplice
Et par ses cruautés il souilla sa justice.
Du reste, il mit un frein au crime, aux attentats,
Et de plus de brigands ils purgea ses états
Que n'en firent tomber dans leur course rapide
Le valeureux Thésée et l'invincible Alcide.

Après ce roi si ferme (ô contraste étonnant !)
Le sceptre fut porté par le faible Fernand.
Trop indigne héritier du trône d'un tel père,
Plongé dans les plaisirs, inhabile à la guerre,
Il voit les Portugais, autrefois si vaillants,
Succomber sans défense aux coups des Castillans.
Sur son front chancela sa couronne flétrie.
Le culte de l'honneur, l'amour de la patrie
Semblèrent oubliés ; car sous un roi sans cœur
Le peuple le plus fier perd bientôt sa vigueur.
Ce fut le châtiment de l'adultère infâme
Qui d'un noble seigneur lui fit ravir la femme,
Léonor, dont envain le royal suborneur
Par un nouvel hymen crut réparer l'honneur.
Au sein des voluptés s'éteignit son courage :
Tant l'homme se ravale en ce vil esclavage !
Quelle est de ces erreurs la misérable fin ?
Ilion de Pâris expia le larcin ;
Des fureurs de Sextus sa race fut punie ;
Appius, ton trépas a vengé Virginie ;
Un criminel amour, David, fit tes malheurs ;
Enfants de Benjamin, qu'il vous coûta de pleurs !
Sara, sur Pharaon retomba ton offense,
Et Dina sur Sichem attira la vengeance.
Ton ascendant funeste, ô lâche volupté,
Des plus superbes cœurs dégrade la fierté :
Témoin le grand Alcide, alors que chez Omphale
Il tourna le fuseau de sa main triomphale ;
Témoin ce conquérant, ce fier Carthaginois,
Qu'un esclave à Capoue enchaîna sous ses lois,
Et ce Romain fameux qui, déchu de sa gloire,
Aux bras de Cléopâtre oublia la victoire.

Mais quel mortel heureux put jamais échapper
Aux piéges dont l'amour sait nous envelopper,
A ces piéges qu'il tend à notre œil idolâtre
Parmi l'or et les lys, et la rose et l'albâtre?
Qui pourrait résister à ce front virginal?
Méduse, ton front même était-il plus fatal?
Tu glaçais par la vue; amour brûle et dévore.
Pouvoir de la beauté, le monde entier t'adore.
Angéliques regards, sourires enchanteurs,
Un invincible attrait vous asservit les cœurs.
Mortels, qui de ce charme avez subi l'empire,
Au coupable Fernand pardonnez son délire.
Du plus puissant des rois Fernand suivait la cour;
S'il offensa l'hymen, il cédait à l'amour.

CHANT QUATRIÈME.

Tel qu'après une nuit où, déployant sa rage,
Eole sur les mers a déchaîné l'orage,
Le soleil du matin sourit aux matelots,
Calme les vents émus et rassure les flots;
Tel, du lâche Fernand la carrière finie,
S'éclaircit l'horizon de la Lusitanie.

Des favoris pervers, d'avides courtisans,
Dès long-temps accablaient les peuples gémissants,
Et, du malheureux prince exploitant la faiblesse,
De l'état épuisé dévoraient la richesse.
La patrie indignée attendait un vengeur.
D'un roi déshonoré généreux successeur,
Jean premier, de don Pèdre enfant illégitime,
De naissance bâtard, mais de cœur magnanime,
Au trône est élevé par un choix solennel.
Le suffrage du peuple était le vœu du ciel;
D'un enfant nouveau-né le signal prophétique
Annonça les grandeurs de ce règne héroïque.
Evora l'entendit : l'enfant mystérieux,
Levant ses faibles bras et sa voix vers les cieux,
S'écria : « Portugal! gloire immense, infinie,
A don Jean, nouveau roi de la Lusitanie! »

Contre ses oppresseurs le peuple soulevé
Signale son courroux trop long-temps captivé.
Altéré de vengeance, implacable en sa haine,
Il frappe les amis, les parents de la reine
Et le vil Andeiro que, veuve sans pudeur,
Elle a pris pour l'objet d'une coupable ardeur.
Percés de coups, il tombe aux yeux de l'adultère.
Sa mort n'assouvit pas la rage populaire ;
Elle va s'irritant dans son cours destructeur,
Comme dans les forêts un feu dévastateur ;
On ne recule pas devant les sacriléges ;
Les ministres du ciel n'ont plus de priviléges ;
L'un souille de son sang le temple épouvanté,
Un autre d'une tour périt précipité ;
Leurs cadavres, traînés sur la place publique,
Repaissent les regards d'un peuple frénétique.
Farouche Marius, ces tragiques fureurs
De tes proscriptions passèrent les horreurs,
Et, quand l'abandonna la fortune infidèle,
Sylla de moins de sang rougit sa main cruelle.

La reine, impatiente, en son ressentiment,
De venger son injure et la mort d'un amant,
Appelle à son secours les soldats de Castille
Et proclame les droits de Béatrix, sa fille,
Qu'au trône castillan l'hymen a fait asseoir,
Et qui de Léonor est le dernier espoir.
Quoiqu'elle ait à Fernand donné le nom de père,
Le peuple voit en elle un fruit de l'adultère.
Contre le préjugé dont ses jours sont flétris
La Castille soutient l'honneur de Béatrix.

Et, pour venger les droits de sa reine outragée,
Déjà sous les drapeaux sa jeunesse est rangée.
Des plaines de Burgos arrivent ces guerriers
Qui jadis ont du Cid partagé les lauriers,
Et sous ce noble chef, orgueil de l'Ibérie,
Du joug sanglant du Maure affranchi leur patrie.
Robustes laboureurs, intrépides soldats,
Les guerriers Léonais s'élancent aux combats,
Vaillante nation qui sur les infidèles
A conquis en cent lieux des palmes immortelles.
Les braves Andalous, fiers de leur nom fameux,
Et dignes héritiers d'ancêtres belliqueux,
Ont déserté Séville et les plaines fécondes
Que le Guadalquivir arrose de ses ondes.
Au signal des clairons se hâtent de partir
Les soldats de Cadix, fille antique de Tyr.
Emblème glorieux, les colonnes d'Alcide
Brillent sur le drapeau de leur troupe intrépide.
De Tolède après eux viennent les étendards,
De Tolède qui voit autour de ses remparts
Le Tage promener ses ondes transparentes,
En de riants vallons à longs replis errantes.
Rude Galicien, sur l'ordre de ton roi
Tu vas combattre encor, mais non pas sans effroi,
Le peuple valeureux dont le brillant courage
Triompha tant de fois de ta fureur sauvage.
Tu t'avances aussi, Biscaïen indompté,
Dont jamais sous le joug n'a fléchi la fierté;
Le temps n'a point poli ta rudesse hautaine,
Mais il t'a laissé libre et pur de toute chaîne.
Enfin voici venir l'Asturien constant
Et du Guipuscoa le robuste habitant,

Qui, de leurs monts altiers déchirant les entrailles,
En ont tiré le fer, arbitre des batailles.

Jean voit sans s'émouvoir ces apprêts belliqueux,
Et de tant de soldats le flot impétueux
Rouler en mugissant vers les rives du Tage.
Calme au sein du péril, il sourit à l'orage,
Et toutefois, avant de voler au combat,
Il veut interroger les premiers de l'état
Et dans le but commun de sauver la patrie
Unir l'opinion qui flotte et qui varie.
Là, ne manquèrent pas les lâches harangueurs,
Prêts à décourager l'essor des nobles cœurs.
Une froide épouvante a pénétré leurs âmes.
De la fidélité ces apostats infâmes
Ont osé renier leur pays et leur roi;
Au besoin, comme Pierre, ils renieraient leur foi.
Mais le fier Alvarès ne connaît pas la crainte;
Au front le plus superbe envain elle est empreinte;
Il ne partage pas ces honteuses terreurs.
Dans sa noble réponse à ces vils discoureurs,
A défaut d'éloquence étalant son audace,
La main sur son épée, il éclate, il menace :

« Eh! quoi! le Portugal aurait d'indignes fils,
Qui refusent leurs bras, leur sang à leur pays?
Eh! quoi! ces Portugais, dont la valeur guerrière
Jadis de tant de gloire illustra leur bannière,
Lâchement en ce jour pourraient se démentir!
Au joug des Castillans ils pourraient consentir!
La foi, le dévoûment et le courage antique
Seraient-ils donc éteints chez ce peuple héroïque!

Ne descendez-vous plus de ces enfants de Mars
Qui, du vaillant Henri suivant les étendards,
Aux champs de Valdevès sous leur terrible lance
Ont de ces Castillans abattu l'insolence,
Ont dispersé leur foule, enlevé leurs drapeaux,
Et ramené captifs leurs plus fiers généraux ?
Peuple dégénéré, d'une telle victoire
Veux-tu flétrir l'honneur, abjurer la mémoire ?
Plus récemment encor (l'as-tu donc oublié ?)
Par Denis, par Alphonse, il fut humilié,
Ce superbe ennemi qui de frayeur te glace,
Et que de tes aïeux épouvantait l'audace.
Portugais, qui long-temps d'un règne sans vigueur
Avez trop ressenti la honteuse langueur,
Sous un roi valeureux que l'honneur vous inspire :
Il suffit d'un héros pour changer un empire.
Du roi que votre choix sur le trône a porté
Si vos cœurs égalaient le courage indompté,
Vous trouveriez encor une de ces journées
Que n'ensevelit pas le torrent des années.
Mais si de vos aïeux le sacré souvenir
Au chemin de l'honneur ne vous peut retenir,
Trahissez le pays qui vous donna naissance ;
Seul contre l'étranger je vole à sa défense.
Seul avec mes vassaux et ce glaive (sa main
Le tirait demi-nu de son fourreau d'airain),
Je serai ton appui, fière Lusitanie,
Qui jamais n'as du joug subi l'ignominie.
Seul, vengeur de mon roi, vengeur de mon pays,
Par vous, cœurs déloyaux, désertés et trahis,
De quiconque sur eux oserait entreprendre,
Des Castillans, de vous, je saurai les défendre. » (1)

Ainsi que dans Canouse aux soldats de Varson,
Pour raffermir leurs cœurs, apparut Scipion,
Lorsqu'à peine échappés d'un immense carnage,
Ils allaient implorer la merci de Carthage ;
A la voix du héros chacun jura soudain
De rester, de mourir les armes à la main ;
Ainsi des Portugais l'imposante assemblée
Dépose les frayeurs dont elle était troublée.
La javeline au poing, l'agile cavalier
Déjà sous l'éperon fait bondir le coursier,
Et chacun avec toi, noble Alvarès, s'écrie :
Vive Jean, notre roi, sauveur de la patrie !
Ce cri d'enthousiasme à tout le Portugal
A donné des combats le généreux signal.
A la hâte on reprend, on repolit l'armure
Que dans un long repos rongeait la rouille impure.
On reforge le glaive émoussé par le temps ;
On fourbit les écus, les casques éclatants,
Et des preux chevaliers les superbes tuniques
Étalent de l'amour les couleurs symboliques.
Abrantès, dont le Tage arrose les vallons,
A vu se déployer ces vaillants escadrons.
Leur brillante avant-garde a pour son capitaine
Alvarès, dont le bras ferait mouvoir sans peine
Autant de bataillons que Xerxès autrefois
Des sommets de l'Atlas en compta sous ses lois ;
Ce terrible Alvarès, dont l'invincible épée
D'une longue épouvante a l'Espagne frappée,
Comme jadis des Huns l'orgueilleux souverain
Fit trembler et le Tibre, et la Seine, et le Rhin.
Noble Vasconcellos, favori de la gloire,
L'aile droite, sous toi, s'avance à la victoire.

L'aile gauche, Almada, te suit au champ d'honneur ;
Le comté d'Avranchès doit payer ta valeur.
Enfin, l'arrière-garde avec orgueil déploie
Les écussons royaux brillants d'or et de soie.
Ils te précèdent, Jean, le plus vaillant des rois,
Dont bientôt Mars lui-même enviera les exploits.

Voyez sur les remparts les jeunes fiancées,
Les épouses, les sœurs et les mères pressées,
Et promettant au ciel, s'il exauce leurs vœux,
Un saint pèlerinage et des jeûnes pieux.
Déjà nos bataillons sont rangés dans la plaine
Où va se décider la fortune incertaine.
L'ennemi les accueille en poussant de grands cris ;
Le doute et l'espérance agitent les esprits.
De l'un à l'autre camp dans les airs qui frémissent
Les fifres, les tambours, les clairons retentissent.
Les riches étendards, en superbe appareil,
Flottent resplendissants aux rayons du soleil.
C'était le temps aride où la terre altérée
Voyait Phœbus entrer dans le signe d'Astrée,
Où Cérès des colons faisait gémir le char,
Où le Dieu des raisins prodiguait son nectar.
Des clairons castillans la voix rauque et bruyante
A donné le signal d'une lutte effrayante.
Jusqu'en ses fondements l'Artabre est ébranlé ;
De la Guadiana le flot a reculé ;
Le Douro de terreur frémit ; le Tage hésite
A poursuivre son cours vers les champs d'Amphitrite ;
Et les mères, aux sons précurseurs des combats,
Pressent avec effroi leurs fils entre leurs bras.

Au moment d'affronter les horreurs du carnage,
Les plus fiers chevaliers ont changé de visage;
Quand vient pour le soldat l'heure d'un grand danger,
Sans trouble rarement il l'ose envisager;
Mais, présent, il le brave, et ne voit que la gloire;
Son aveugle fureur aspire à la victoire,
Et, prodiguant sa vie, il ne se souvient pas
Qu'on franchit sans retour les portes du trépas.
Cependant tout s'ébranle, et le combat commence.
Des deux parts à la fois l'avant-garde s'élance;
Par l'amour du pays les uns sont animés
Et par l'ambition les autres sont armés.
L'intrépide Alvarès entre tous se signale;
A mille combattants sa vaillance est fatale;
De mourants et de morts il couvre au loin ce sol
Où prétendait régner l'insolent Espagnol.
Partout sifflent dans l'air les flèches acérées,
Les dards, les javelots et les piques ferrées;
Le champ, sanglant témoin de ce combat affreux,
Tremble sous le galop des coursiers belliqueux;
Et d'un bruit sourd, pareil aux accents du tonnerre,
L'airain heurtant l'airain fait retentir la terre.

Mais envain d'Alvarès le redoutable bras
Parmi les Castillans va semant le trépas.
Leur nombre et leur fureur sans fin se renouvelle.
Ses frères (ô forfait! ô guerre criminelle!)
Contre lui combattaient dans les rangs ennemis.
Faut-il s'en étonner? Traîtres à leur pays,
Rebelles à leur roi, ces renégats perfides
Pouvaient briguer aussi des exploits fratricides.

Complices et rivaux de leurs noires fureurs,
Autour d'eux se pressaient de nombreux déserteurs ;
Précédant au combat l'avant-garde ennemie,
Ils semblaient de leur fuite étaler l'infamie. (2)
Sous ce flot d'ennemis sans cesse renaissants
Alvarès voit tomber ses plus fiers combattants.
De rage il a frémi. Tel un lion numide,
Cerné par les chasseurs, les regarde intrépide,
Amasse en rugissant son terrible courroux,
Et, trop fier pour vouloir échapper à leurs coups,
Affrontant un assaut dont son orgueil s'irrite,
Sur le fer menaçant soudain se précipite ;
Tel s'élance Alvarès ; sous ses vaillantes mains
Le sang coule à longs flots, mais ses efforts sont vains ;
Ses plus braves guerriers, l'honneur de sa bannière,
Accablés par le nombre, ont mordu la poussière.

Jean, qui d'un général remplissant le devoir,
Excitant, redoublant le courage et l'espoir,
Partout, de rang en rang, volait dans la mêlée,
Voit du noble Alvarès la cohorte ébranlée.
Ainsi que la lionne, alors que l'Africain
A de ses lionceaux ravi le jeune essaim,
Furieuse, parcourt les forêts, les campagnes,
Et fait de ses douleurs trembler les Sept-Montagnes ; (3)
Ainsi le roi s'élance au secours d'Alvarès.
« Valeureux chevaliers, au combat toujours prêts,
Défendez la patrie : au bout de votre lance
Vous portez son salut et son indépendance.
Mes braves compagnons, imitez votre roi ;
Aux traits, aux javelots il s'offre sans effroi ;

Provoquant les périls et méprisant la vie,
Combattez en vrais fils de la Lusitanie. »
Il dit, et, brandissant un dard garni de fer,
Le lance avec vigueur ; le trait vole et fend l'air ;
A plus d'un Castillan son atteinte est mortelle.
Le héros dans les cœurs allume un noble zèle ;
Les guerriers qui cédaient, par l'exemple enflammés,
Reviennent au combat plus fiers, plus animés ;
Leur glaive, secondant l'ardeur qui les transporte,
Rompt le plus dur acier, l'armure la plus forte ;
Ils frappent de grands coups et, frappés à leur tour,
Meurent sans soupirer, sans regretter le jour.

Don Jean, multipliant ses efforts magnanimes,
Sous sa terrible épée entasse les victimes.
Vous, que votre vaillance aux honneurs éleva,
Grands-maîtres de Saint-Jacque et de Calatrava,
Vos lauriers sont changés en cyprès funéraires.
Vous aussi, d'Alvarès ô trop indignes frères,
Sous le fer qui punit vos projets inhumains
Tombez en maudissant le ciel et vos destins.
La mort couvre sans choix de ses voiles funèbres
Les combattants obscurs, les chevaliers célèbres,
Descendus pêle-mêle au ténébreux séjour
D'où vers le doux soleil il n'est plus de retour.
Pour qu'en ce jour fameux aucune ignominie
Ne manque aux ennemis de la Lusitanie,
Aux pieds des Portugais leur étendard foulé
Devant notre étendard dans la poudre a roulé.
Cependant le combat a redoublé de rage
Et Bellone en fureur échauffe le carnage ;

Le sang en noirs torrents inonde le vallon,
Et d'une horrible pourpre a rougi le gazon.
Mais de meurtres enfin les mains se sont lassées :
Superbe Castillan, tes forces terrassées
Cèdent à la valeur des enfants de Lusus
Et de ton cœur altier les projets sont déçus.
Trop heureux d'échapper à nos lances mortelles,
Tu fuis à pas pressés; l'épouvante a des ailes.
Tu te hâtes de fuir, emportant dans ton cœur
De ce poignant revers la honte et la douleur,
Et le regret amer d'une entreprise vaine
Où trébuche l'orgueil de l'Espagne hautaine.
Là, le vaincu maudit celui qui le premier
De la guerre aux humains apprit l'art meurtrier;
Là, d'imprécations il accable la tête
Du prince qui, rêvant une injuste conquête,
A de tant de Chrétiens en ce combat cruel
Compromis devant Dieu le salut éternel,
Privé de leurs époux tant d'épouses si chères,
Et ravi tant de fils à leurs plaintives mères.
Durant trois jours entiers, le roi victorieux
Offre au Dieu souverain de la terre et des cieux,
Au Dieu, par qui des rois existe la puissance,
Les tributs solennels de sa reconnaissance.
Mais Alvarès, toujours affamé de combats,
Poursuit les ennemis au sein de leurs états.
Il va, fier conquérant, plus prompt que la pensée;
Déjà des Andalous la frontière est passée.
De Séville déjà sont tombés les remparts;
Déjà se sont courbés devant nos étendards
Les plus puissants barons pressés de reconnaître
Dans notre vaillant roi leur seigneur et leur maître.

Le sort aux Castillans prodigua les revers
Jusqu'au jour où le Dieu qui régit l'univers
Apaisa des fureurs trop long-temps déchaînées
Et rétablit la paix par deux grands hyménées.
Les deux rois, s'unissant à deux royales sœurs,
De leurs peuples aussi réunirent les cœurs ;
Albion, par la main de ces deux belles reines,
Termina les discords et dissipa les haines.

Les combats ont cessé; mais un jeune héros,
De gloire impatient, souffre mal le repos.
N'ayant plus d'ennemis à combattre sur terre,
Jean va de l'Océan défier la colère.
Il est du Portugal le premier souverain
Qui transporta la guerre au rivage africain
Pour montrer de combien surpassent l'infidèle
Les guerriers que le Christ anime de son zèle.
Mille légers vaisseaux, de nos rives partis,
Affrontant sur les flots les fureurs de Thétis,
Ouvrent au vent les plis de leur voile rapide
Et dirigent leur vol aux colonnes d'Alcide.
A l'aspect du héros, rapide conquérant,
Malgré ses fiers remparts, Ceuta tremble et se rend;
L'Abyla s'est soumis, et l'heureuse Ibérie
D'un nouveau Julien ne craint plus la furie.

D'un règne si fertile en exploits glorieux
Le cours semblait trop long aux destins envieux;
Du héros Portugais l'âme au ciel rappellée
Accrut des purs esprits l'immortelle assemblée;
Mais de ses grands desseins, de ses talents guerriers
Jean laissait après lui de nobles héritiers,

CHANT IV.

Une postérité de sa vertu nourrie,
Des fils dignes de lui, dignes de la patrie.
Cependant Edouard, ce roi d'un si grand cœur,
Des destins ennemis éprouva la rigueur.
La fortune aux humains incessamment envoie
Les maux après les biens, le deuil après la joie.
Qui jamais a fixé sa volage faveur
Et goûté sans mélange un solide bonheur ?
Edouard, tu gémis sur le dur esclavage
De ton frère Fernand, dont le pieux courage,
De la guerre africaine affrontant le danger,
Trouva d'indignes fers sous les murs de Tanger.
Il pouvait de Ceuta payer sa délivrance,
Mais son patriotisme affermit sa constance,
Et lui fit condamner à la captivité
Des jours faits pour la gloire et pour la liberté (4).

Mais Alphonse paraît ; de la Lusitanie
Il relève l'orgueil et la grandeur ternie :
Heureux si, de Henri disputant les états,
Contre l'Aragonais il n'eût armé son bras !
Mais l'Afrique du moins, qui l'a vu si terrible,
Lui conserve à jamais le titre d'invincible.
Rivages d'Hespérus, seul de vos pommes d'or
Alphonse après Alcide a conquis le trésor.
L'Afrique porte encor, farouche et frémissante,
Le frein qu'elle a reçu de ta main triomphante,
Alphonse, que couronne un laurier toujours vert,
Le laurier de Tanger, d'Arzille et d'Alcacer.
Les formidables murs de ces superbes villes
Devant tes Portugais sont des remparts fragiles.

Les merveilleux exploits des guerriers sans rivaux,
Qui de cette entreprise ont brigué les travaux,
Sont inscrits à jamais aux fastes de l'histoire
Et jamais son burin n'y grava tant de gloire.

Mais à l'ambition livrant enfin ton cœur,
De Fernand d'Aragon hardi compétiteur,
Tu vas lui disputer le trône d'Isabelle.
Fernand de toutes parts à son secours appelle
Des remparts de Cadix aux confins du Gaulois
Les vingt peuples divers que gouvernent ses lois.
L'impatiente ardeur du jeune fils d'Alphonse
Dans cette grande lutte avec éclat s'annonce.
D'un père ambitieux il soutient les desseins
Et longtemps à Toro balance les destins.
Alphonse, tout couvert de sang et de poussière,
Conserve un front serein dans sa défaite altière.
Il cède noblement, et son généreux fils,
De ses fiers bataillons ralliant les débris,
Contient l'Aragonais, couvre de morts la plaine
Et vend cher à Fernand sa victoire incertaine.
Tel, aux champs de Philippe, en ce fameux combat
Où fut du grand César vengé l'assassinat,
Octave était vaincu, lorsque par son courage
Antoine triomphant lui rendit l'avantage.

Quand Alphonse eut perdu la terrestre clarté
Pour renaître au soleil de l'immortalité,
Jean, le treizième roi de la Lusitanie,
Par un hardi dessein signala son génie.
Ce monarque, entre tous digne d'être vanté,
Osa ce qu'un mortel n'avait jamais tenté;

Il voulut pénétrer au berceau de l'aurore,
Bords lointains qu'aujourd'hui mes nefs cherchent encore.
Déjà les confidents de ses nobles projets
Des monts Pyrénéens ont franchi les sommets;
Ils traversent la France et la riche Italie,
Et s'embarquent aux lieux où fut ensevelie
La nymphe dont le nom longtemps a désigné
Tes murs où tour-à-tour vingt peuples ont régné,
Parthénope, aujourd'hui du nom de Naples fière,
La conquête et l'orgueil de l'Espagne guerrière.
Leur nef de Panormo fend les flots écumeux
Et Rhodes les reçoit sur ses bords sablonneux.
Ils atteignent la rive où du sang de Pompée
Par de vils assassins la terre fut trempée;
Puis, remontant le Nil, qui, par ses sept canaux
Aux champs Egyptiens va partageant ses eaux,
Ils dépassent Memphis, et de l'Ethiopie,
Qui toujours de la Mecque a fui le culte impie,
Arrivent à la mer dont, à la voix de Dieu,
S'ouvrit le flot docile aux pas du peuple Hébreu.
Les monts où de Nabath le nom se perpétue
Déjà dans le lointain s'effacent à leur vue.
Derrière eux disparaît le fertile pays
Où Myrrha pleure encor le trépas de son fils,
Et bientôt leur vitesse, égale à leur audace,
De la triple Arabie a parcouru l'espace.
Franchissant le détroit qui semble retenir
De l'altière Babel un lointain souvenir,
Ils s'élancent de là sur le golfe Persique
Où, fières de sortir du paradis antique,
Après un cours pareil, de deux fleuves jumeaux
Vont fraternellement se confondre les eaux.

Enfin, prenant l'essor vers la rive fameuse
Où roule de l'Indus l'onde majestueuse,
Ils affrontent les flots de ce vaste Océan
Qui jadis effraya le grand cœur de Trajan.
La mort les arrêta dans leur course hardie ;
Elle ferma leurs yeux aux champs d'Ethiopie,
Leurs yeux qui vainement au ciel oriental
Demandaient un rayon de leur soleil natal.

Heureux Emmanuel, le sort te favorise !
C'est à toi d'achever cette noble entreprise ;
Généreux héritier du plus hardi dessein
Qui jamais d'un mortel ait fait battre le sein,
C'est à toi de remplir l'espérance sublime
Qu'à ton règne a léguée un prince magnanime :
Aux cieux il est écrit que ta puissante main
Etendra sur les mers son sceptre souverain.
Comme tous ses aïeux, Emmanuel n'aspire
Qu'à l'honneur d'illustrer, d'accroître son empire ;
C'est le soin dominant de son cœur indompté,
Et dans son sommeil même il en est agité.
Une nuit... c'était l'heure où, repliant ses voiles,
L'ombre va dans sa fuite entraîner les étoiles,
Où les astres, penchants vers leur pâle déclin,
Invitent les mortels au repos du matin :
Le monarque, étendu sur sa couche dorée,
Repassait dans son âme aux grands pensers livrée
Ce qu'imposent aux rois la noblesse du sang,
L'éclat de la couronne et du suprême rang.
Un doux sommeil ferma ses paupières lassées
Sans suspendre le cours de ses hautes pensées ;

Et de mille tableaux de gloire et de grandeur
Un songe prophétique illumina son cœur.
Il lui semblait planer dans les sublimes sphères,
D'où ses yeux contemplaient des terres étrangères,
Des peuples inconnus, des empires nouveaux.
Près des bords où le jour surgit du sein des eaux,
De monts enorgueillis de leurs cîmes hautaines
Il vit jaillir le flot de deux sources lointaines.
De sauvages forêts ces monts étaient couverts ;
L'oiseau seul se posait sur leurs rochers déserts,
Et, depuis le péché du premier de nos pères,
Nul mortel n'a percé leurs ombres séculaires.
Emmanuel, des flots que versent de leurs flancs
Ces monts voisins du ciel, contemporains du temps,
Voit sortir deux vieillards imposants de visage,
Quoiqu'ils aient de ces lieux la rudesse sauvage ;
L'eau coulait en ruisseaux de leurs longs cheveux blancs ;
Par les vives ardeurs de ces climats brûlants
Leurs fronts étaient brunis, et hideuse et touffue
Leur barbe balayait leur poitrine velue.
Des plantes, des rameaux en Europe ignorés
S'entrelaçaient autour de leurs fronts révérés.
L'un de ces deux vieillards cheminait avec peine
Et semblait fatigué d'une course lointaine.
Aux flots qui de son front coulaient plus agités
On jugeait que ses pas s'étaient précipités.
Des champs Arcadiens aux champs de Syracuse
Tel Alphée accourait vers sa chère Aréthuse.
D'un air respectueux devant Emmanuel
Le vieillard s'inclinant : « Grand roi, l'arrêt du ciel
Sur la plus riche part des champs asiatiques
Etablit souverains tes peuples héroïques.

Nous, qui jamais du joug n'avons subi l'affront,
Nous venons sous tes lois abaisser notre front
Et t'avertir, ô roi, que l'heure est arrivée
Qu'à tes brillants destins le ciel a réservée.
Je suis l'illustre Gange ; un sort propice et beau
Près du berceau de l'homme a placé mon berceau.
Voici l'Indus, le roi des fleuves de la terre ;
Il sort des vastes flancs de ce mont solitaire.
L'honneur de nous dompter doit coûter à ton bras
Des efforts inouïs, de terribles combats,
Mais tes vaillants exploits et ta noble constance
De nos flots asservis vaincront la résistance. »
Il dit, et disparaît, et l'Indus avec lui.

L'aurore cependant aux cieux a déjà lui ;
Phœbus dont, souriante, elle ouvre la carrière
Jetait sur l'orient un manteau de lumière,
Et le matin, semant de perles le gazon,
Des couleurs de la rose empourprait l'horizon.
Le monarque assoupi s'éveille ; ses pensées
Roulent dans son esprit brûlantes et pressées.
Il appelle au conseil les ministres prudents,
Des desseins de leur roi fidèles confidents,
Leur peint les visions de cette nuit étrange,
Leur redit les discours qu'a proférés le Gange.
D'un vif étonnement leurs esprits sont frappés :
« Il faut que des vaisseaux soudain soient équipés,
Disent-ils, qui, fendant les plaines d'Amphitrite,
Aillent chercher la terre au Portugal prédite. »

Cent fois avant ce jour, dans le fond de mon cœur,
D'un voyage si beau j'avais rêvé l'honneur.

Mais qui m'eût jamais dit, et l'aurais-je pu croire,
Que le sort, en effet, me gardât tant de gloire?
Je ne sais ce qu'en moi crut voir Emmanuel
Qui sembla m'indiquer à son choix solennel :
Quoiqu'il en soit, du roi l'auguste préférence
Remit entre mes mains cette grande espérance.
De cet air de douceur et de noble bonté
Qui d'un ordre royal double l'autorité,
Il m'appelle et me dit : « Vasco, la renommée
Chatouille notre oreille et notre âme charmée ;
Mais l'homme sans efforts jamais ne s'ennoblit
Et sur de grands travaux un grand nom s'établit.
Le mépris des périls du brave est la devise ;
C'est par les belles morts que l'on s'immortalise.
Le héros, qui sans peur affronte le trépas,
Ne vit que peu de jours, mais son nom ne meurt pas.
Vasco, pour que le tien s'étende d'âge en âge,
Je t'offre des périls dignes de ton courage,
Et, je n'en doute pas, les travaux, les dangers,
Imposés par ton roi, te sembleront légers. »

Mes transports, à ces mots, éclatent ; je m'écrie :
« Mon noble souverain, disposez de ma vie.
Pourquoi n'en ai-je qu'une à vous sacrifier?
Ordonnez, je suis prêt. Me faut-il défier
Les feux de l'équateur et les glaces du pôle?
Braver le fer, la flamme? Ordonnez et je vole.
Faut-il, renouvelant Alcide et ses labeurs,
Des cent têtes de l'Hydre abattre les fureurs,
Terrasser d'une main par mon prince animée
Le monstre d'Erymanthe et celui de Némée,

Et sur les sombres bords, empire de Pluton,
Affronter le Cocyte et le noir Phlégéton?
Il n'est, quand de mon roi la voix se fait entendre,
Rien que n'osent mon cœur et mon bras entreprendre. »

Le monarque applaudit à mon empressement.
D'une noble vertu l'éloge est l'aliment.
Dispensé par les rois, il exalte, il enflâme,
Et pour les grands périls fait palpiter une âme.
Mon frère, mon cher Paul, veut partager les miens;
Du sang qui nous unit par ses puissants liens
Entre nos cœurs ardents la chaîne est confirmée
Par un besoin commun d'honneur, de renommée.
Le brave Coelho, de Paul digne rival,
Me suit et me seconde avec un zèle égal;
Tous deux à la valeur joignent l'expérience
Et l'audace intrépide à la froide prudence.
De nombreux matelots, impatients comme eux
D'entreprendre à l'envi ce voyage fameux,
S'élancent à ma voix sur mes nefs déjà prêtes
A braver sur les flots la fureur des tempêtes.
De ses nobles discours, de ses généreux dons
Le prince anime encor mes braves compagnons.
Le souvenir du roi, de sa munificence,
Dans leurs travaux futurs soutiendra leur constance.
Leurs bruyantes clameurs font retentir les airs.
Tels on vit autrefois partir joyeux et fiers
Ces hardis conquérants qui sur l'Euxin rapide
Allaient de sa toison dépouiller la Colchide.
Sous les murs de Lisbonne, en ce superbe port
Où le Tage à Thétys s'unit avec transport,

La flotte est réunie, et d'une ardeur commune
Brûlent les fils de Mars et les fils de Neptune.
Les uns sur le rivage étalent au soleil
De leur habit guerrier le brillant appareil ;
Les autres des vaisseaux aux vents livrent les voiles ;
Les zéphirs frémissants enflent les blanches toiles ;
Chaque nef, tressaillant d'un espoir glorieux,
Croit un jour, comme Argo, rayonner dans les cieux.
Ces apprêts terminés, un plus saint nous réclame ;
Il nous restait encore à préparer notre âme
A la mort qui partout sur l'abîme des flots
Apparaît menaçante aux yeux des matelots.
A l'Être souverain dont la présence auguste
Dans les cieux est la joie et l'aliment du juste
Nous adressons nos vœux ; nous implorons de lui
Dans ce lointain voyage un nécessaire appui.
Après avoir prié dans l'austère ermitage
Qui du vaste Océan regarde le rivage
Et qui porte le nom du lieu saint à jamais
Où naquit le Sauveur pour laver nos forfaits,
Nous nous acheminons au port qui nous appelle.
O roi, ce seul récit en mon cœur renouvelle
Tout ce qu'à ce départ j'éprouvai de douleurs
Et je sens que j'ai peine à retenir mes pleurs.

Tristes et se peignant les périls du voyage,
Nos parents, nos amis couvraient au loin la plage ;
Et nous, accompagnés des bons religieux
Dont les pieux accents montaient jusques aux cieux,
Nous suivions lentement d'une marche imposante
Le chemin qui conduit à la mer mugissante.

La foule autour de nous en ses touchants discours
A son affliction donnait un libre cours.
C'est un vaste concert de plaintes redoublées.
Les épouses, les sœurs, les mères désolées
Accroissent par leurs cris de douleur et d'amour
Les ennuis d'un départ qui semblait sans retour.
« O mon fils, s'écriait la mère avec tendresse,
O toi, le seul appui de ma triste vieillesse
Qui, sans toi, sans le fils que je ne dois plus voir,
S'éteindra dans les pleurs et dans le désespoir,
Tu veux que loin de toi je meure abandonnée !
Tu me fuis pour aller sur l'onde mutinée
Des monstres que nourrit un océan sans fin
Affronter la fureur et repaître la faim. »
« O toi, disait l'épouse éplorée et plaintive,
O toi, sans qui l'amour ne veut pas que je vive,
Cher époux, à ces flots qui me glacent d'effroi
Peux-tu livrer des jours qui ne sont plus à toi ?
Peux-tu, pour une gloire inquiète, incertaine,
Oublier notre amour et notre douce chaîne ?
Notre amour !... ah ! bientôt sur les ailes des vents
Vont avec mon bonheur s'envoler tes serments. »
Tels étaient les adieux des épouses, des mères.
Les enfants, les vieillards à ces plaintes amères
Unissaient leurs sanglots, et des monts d'alentour
L'écho s'attendrissait à ces accents d'amour.
Des flots de pleurs mouillaient le sable du rivage.
Mes compagnons, sentant chanceler leur courage,
N'osaient lever les yeux sur ces objets chéris
Dont, tout près d'y céder, ils entendaient les cris.
Enfin, interrompant ces adieux pleins de larmes
Où les cœurs à leur deuil semblent trouver des charmes,

Je donne aux matelots le signal du départ.

Cependant au rivage un sévère vieillard (5)
Restait, les yeux fixés sur la plaine liquide ;
Des gloires de la terre il a connu le vide ;
Instruit par la sagesse et mûri par les ans,
Il s'est d'illusions dépouillé dès longtemps ;
Son imposante voix, d'un accent de prophète,
Fait retentir ces mots que l'onde au loin répète :
« O du commandement funeste passion !
D'une gloire menteuse ô folle ambition !
Fallacieux désir d'une vaine fumée
Que notre orgueil crédule appelle renommée !
A quels tourments, hélas ! tu condamnes les cœurs
Qui se sont laissés prendre à tes charmes trompeurs !
Combien tu les punis de leur extravagance !
Détestable fléau, poison de l'existence,
Source d'égarements, de crimes, d'attentats,
Toi qui vas dévorant les trésors, les états,
Fantôme dangereux, idole mensongère
Dont l'éclat éblouit l'imbécille vulgaire,
On te pare des noms de gloire et de grandeur
Et tu n'es en effet que démence et fureur !
Vers quel abîme, hélas ! ton infernal délire
Pousse-t-il aujourd'hui ce peuple et cet empire ?
Quels périls, quels trépas à leurs yeux caches-tu
Sous un voile pompeux d'honneur et de vertu ?
A ces guerriers, séduits par tes brillants fantômes,
Combien as-tu promis de trésors, de royaumes ?
De palmes, de lauriers quelles riches moissons ?
Et quel rang dans l'histoire entre les plus grands noms ?

Vous que d'un insensé la désobéissance
Précipita jadis d'un séjour d'innocence
En ce séjour d'exil, en ce vallon de pleurs;
Qui dans l'horrible champ des combats destructeurs
Fûtes lancés du sein de cette paix profonde
Qui versa ses bienfaits sur le berceau du monde;
Infortunés humains! si les scènes de deuil,
Si les sanglants exploits plaisent à votre orgueil,
Si la valeur brutale et la soif du carnage
Passent auprès de vous pour bravoure et courage;
Hommes par la naissance à la mort destinés,
Si, dans l'aveugle erreur qui vous a fascinés,
Le mépris de la vie est votre honneur suprême,
Quoique devant la mort ait frémi Dieu lui-même :
Le peuple Sarrazin ne vous offre-t-il pas
Un ennemi tout prêt et d'éternels combats?
Si l'intérêt du Christ aux armes vous appelle,
N'est-il pas outragé par ce peuple infidèle?
Si par l'ambition vous êtes excités,
Ce peuple n'a-t-il pas cent superbes cités?
Ou si vous aspirez au renom militaire,
Ce peuple n'est-il pas un vaillant adversaire?
A vos portes en paix laissant vos ennemis,
Vous en allez chercher en de lointains pays;
Effort où dans un but insensé, fantastique,
S'épuise la vigueur de ce royaume antique.
Vous allez d'un naufrage affronter les horreurs
Pour que la renommée, exaltant vos fureurs,
Vous proclame à grand bruit seigneurs de l'Arabie,
De la Perse, de l'Inde et de l'Ethiopie.
Il mérite à jamais les tourments des enfers,
Celui qui le premier s'élança sur les mers.

Anathème éternel sur lui, sur sa folie!
Périsse avec son nom sa gloire ensevelie!
Que de ce nom fatal le barde épouvanté
Jamais ne le prononce à la postérité!
Depuis que de Japhet le fils trop téméraire
Eut dérobé le feu de la céleste sphère,
Ce feu, qui nous devait rendre pareils aux Dieux,
Dans nos cœurs n'alluma que transports furieux.
En quel gouffre de maux la terre, ô Prométhée,
Par le ciel irrité se vit précipitée,
Quand ta main de ce feu, qu'usurpait ton larcin,
De la statue humaine eût embrasé le sein!
Sans toi, sans cette flâme ardente, impétueuse,
Qui brûle des mortels l'âme présomptueuse,
Eût-on vu Phaëton dans le vide des mers
Vouloir guider le char, flambeau de l'univers?
Sur son aîle orgueilleuse élancé dans l'espace,
Icare de son père eût-il suivi l'audace?
Mais l'homme fut perdu par ton présent fatal.
Misérable jouet de son orgueil natal,
Il affronte les airs, le feu, la terre et l'onde
Et de ses faibles bras veut étreindre le monde. »

CHANT CINQUIÈME.

Tandis que, sur les flots jetant un long regard,
Ainsi prophétisait le sévère vieillard,
Le zéphir, frémissant dans les voiles agiles,
Balançait nos vaisseaux sur les vagues mobiles.
Le cri de nos adieux retentit dans les airs.
Emportés par les vents, nous volons sur les mers.
Le soleil, près d'entrer au signe de Némée,
De ses feux inondait la nature enflammée, (1)
Quand sur l'immensité du superbe Océan
Nous prîmes vers ces bords notre rapide élan.

Remparts où nous laissons un peuple dans les larmes,
Séjour de nos aïeux pour nous si plein de charmes,
Rivages paternels à nos regards si doux,
Monts de notre pays, nous fuyons loin de vous.
De Cintra par degrés les collines s'abaissent;
Les flots riants du Tage à nos yeux disparaissent.
Neptune nous enlève à ces lieux fortunés;
Mais nos pensers toujours y restent enchaînés.
A l'horizon lointain la rive enfin s'efface
Et nous ne voyons plus que les flots et l'espace.

Nous voguons vers ces mers dont nuls navigateurs
N'avaient jusqu'à nos jours affronté les fureurs;

Du généreux Henri nous dépassons les îles ;
Le royaume d'Antée et ses monts et ses villes
Apparaissaient à gauche, et peut-être les mers
Nous cachaient sur la droite un nouvel univers.
Nous découvrons Madère, île riche et féconde,
Que couvraient de grands bois, contemporains du monde,
Quand les fils de Lusus changèrent ces forêts
En vignobles fameux, en superbes guérêts ;
Reléguée aux confins de l'antique hémisphère,
Elle n'égala point la gloire de Cythère ;
Mais, si Vénus jadis eût connu ses trésors,
Pour elle de Paphos elle eût quitté les bords.
Déjà nous dépassons les arides rivages
Où le Massylien paît ses troupeaux sauvages,
Région sans verdure et que de frais ruisseaux
N'abreuvèrent jamais de leurs limpides eaux.

Notre flotte en son vol a franchi la limite
Qui du côté du nord au soleil est prescrite.
Là, sont ces nations que jadis de trop près
Ton fils, belle Clymène, atteignit de ses traits.
Leur front en garde encor les empreintes profondes.
Du brûlant Sénégal elles boivent les ondes.
Le rivage peuplé de ces noirs habitants
De nos jours a perdu son nom des anciens temps.
Il fut par les Romains nommé cap d'Arsinie,
Cap Vert par les nochers de la Lusitanie.
Nous suivons notre course avec rapidité.
De nos voiles bientôt l'essor précipité
A laissé loin de nous les îles Canaries
Et nous porte au milieu des îles Hespéries,

Rivages merveilleux et déjà visités
Par des navigateurs enfants de nos cités.
Nos vaisseaux fatigués dans leurs ports se réparent
Et se chargent des fruits dont leurs plaines se parent.
Nous abordons à l'île à qui donna son nom
Le céleste guerrier, le grand et saint patron
Dont jamais l'Espagnol contre les infidèles
N'invoqua vainement les vertus immortelles.
Mais sitôt que dans l'air frémit un souffle heureux,
Notre flotte reprend son cours aventureux,
Et nous abandonnons ces bords où la fortune
Nous avait délassés des travaux de Neptune.

Tandis que nous suivons le chemin de l'Indus,
L'Afrique offre à nos yeux les nombreuses tribus
Des Jalofs basanés, des Mandings qui nous cèdent
Le métal éclatant que leurs mines possèdent.
C'est là que la Gambie égare en longs détours
Son flot qui dans les mers va terminer son cours.
Derrière nous ont fui les îles Gorgonides,
Redoutable séjour des hideuses Phorcides. (2)
Toi, dont les beaux cheveux roulés en blonds anneaux
Enflammèrent Neptune aux sein même des eaux,
Méduse, dont Minerve a puni les outrages,
Tes noirs serpents encor infestent ces rivages.

Toujours sur notre route interrogeant les cieux,
Nous allions sillonnant ce golfe spacieux :
A nos yeux tour-à-tour son rivage présente
De Serra-Léona la cime rugissante,
Et le cap des Palmiers, et ce fleuve puissant
Qui refoule des mers le courroux frémissant.

Ce fleuve est le brillant et superbe Zaïre
Qui baigne du Congo le populeux empire,
Région à l'Europe inconnue autrefois,
Et que le Portugal a soumise à la croix.
Par delà l'équateur nous poussons notre course
Et loin de nos regards fuit le pôle de l'Ourse.
Mais en de nouveaux cieux luit un astre nouveau (3)
Qui prête à nos marins son nocturne flambeau.
Il éclaire un espace où la nuit de ses voiles
Entoure un firmament moins rayonnant d'étoiles;
Et, de son existence ayant douté longtemps,
L'Europe ignore encor si ses feux éclatants
Brillent sur une terre à nos pas interdite,
Ou sur l'immensité d'une mer sans limite.
Déjà nous sommes loin du brûlant équateur,
Des lieux où des saisons l'astre modérateur,
Allant d'un pôle à l'autre en sa course ordonnée,
Partage en deux hivers, en deux printemps l'année.
Tandis que nous fendions ce nouvel Océan,
Qu'Eole abandonnait au souffle de l'Autan,
Nous vîmes Calisto, cessant d'être proscrite,
Admise avec son fils au séjour d'Amphitrite. (4)
Je ne décrirai pas les tableaux singuliers
Que cette mer lointaine offrit à nos guerriers,
Spectacles surprenants, étranges phénomènes,
Dont les causes pour nous demeuraient incertaines.
Je ne vous dirai pas la sombre profondeur
De ces nuits dont l'éclair redouble encor l'horreur,
Les soudains ouragans et les coups de tonnerre,
Et les ébranlements du ciel et de la terre.
Vous peindre ces effets, je l'essaierais en vain,
Eussé-je une poitrine et de fer et d'airain. (5)

Comment peindre surtout cet étonnant prodige
Dont tout-à-coup la mer enfanta le prestige ?
J'ai vu... non, de mes yeux ce n'est point une erreur !
De l'équipage entier partageant la terreur,
J'ai vu de l'Océan s'élancer une nue;
Elle aspirait les flots, en long tube étendue;
D'abord elle s'annonce en légère vapeur
Errante au gré des vents à l'horizon trompeur;
Tout-à-coup s'élevant, s'allongeant en colonne,
(Tel le souple métal que l'ouvrier façonne),
Substance aérienne, échappant presque aux yeux,
Son tube délié monte jusques aux cieux.
Mais insensiblement il se grossit de l'onde
Qu'il attire du sein de la plaine profonde.
De ces flots entassés l'amas pyramidal
En volume bientôt à nos mâts est égal.
Dans ses balancements il suit le flot mobile;
Il se couronne enfin d'un nuage ductile
Qui dans ses larges flancs amoncèle les mers
Que la trombe puissante aspire dans les airs.
Comme on voit, s'élançant du fond d'une eau limpide,
Du sang d'une génisse une sangsue avide
S'attacher à sa proie au bord du frais canal
Où se désaltérait l'imprudent animal;
Le reptile, abreuvant la soif qui le dévore,
S'emplit et se dilate et se dilate encore;
Telle apparaît aux yeux cette colonne d'eau,
Et le nuage épais, son vaste chapiteau.
Après que de torrents elle s'est abreuvée,
L'immense pyramide, à sa base enlevée,
Voltige sur les mers, et reverse à leur sein
Les flots qu'elle tira de leur profond bassin.

Déjà cinq fois des nuits l'inégale courrière,
Qui fournit chaque mois sa céleste carrière,
Avait renouvellé son disque lumineux,
Depuis que nous fendions l'Océan écumeux,
Lorsque le matelot veillant en sentinelle
S'écria : Terre ! Terre ! Au cri qui les appelle,
Soudain vers le tillac les marins élancés
Tournent à l'orient leurs regards empressés.
A l'horizon lointain, des plages inconnues,
Nous découvraient leurs monts comme un amas de nues.
Je fais jeter alors les ancres au long fer,
Et le lin des vaisseaux s'est replié dans l'air.
L'astrolable sublime, ouvrage du génie,
Qui des astres saisit la distance infinie,
S'apprête à nous montrer à quelle part des cieux
Correspondent ces bords inconnus à nos yeux.
Devant nous est une île où nos marins descendent.
Dans la plaine au hasard leurs groupes se répandent,
Impatients de voir ce pays reculé,
Que des pas étrangers n'avaient jamais foulé.
Cependant pour fixer le point où le voyage
A conduit nos vaisseaux, je reste sur la plage,
Du soleil dans l'espace estimant la hauteur,
Et les rapports du globe et ceux de l'équateur.
Mes nefs du capricorne excédaient le tropique
Et nous nous avancions vers le pôle Antarctique
Dont sous des monts de glace aux mortels indiscrets
La nature jalouse a caché les secrets.

Durant cet examen, je vois vers le rivage
Nos marins entraîner un Africain sauvage

Surpris sur la montagne au moment où sa main
Des trésors de son miel dépouillait un essaim.
L'étonnement, le trouble empreints sur le visage,
Vainement il proteste en son grossier langage.
Nous ne comprenons pas ses bizarres clameurs
Qui se perdent pour nous en confuses rumeurs;
Moins farouche autrefois apparut le cyclope
Au roi d'Ithaque errant que pleurait Pénélope.
A ce barbare en vain mon trésor libéral
Prodigue l'argent pur et le brillant métal
Dont jadis resplendit le bélier de Colchide :
Il reste indifférent, immobile et stupide.
Mais des grains de cristal, des grelots résonnants,
Un chaperon de pourpre aux reflets éclatants,
Étalés devant lui, le font à l'instant même
Passer de l'apathie à l'allégresse extrême.
Son regard expressif et son geste animé
Témoignent le désir dont il est enflammé.
Maître de ces objets, dans sa joie enfantine,
Il court les présenter à la tribu voisine.

L'aube du jour suivant aux cieux à peine a lui
Que d'autres Africains, noirs et nus comme lui,
Descendant de leurs rocs au bruit de nos largesses,
Viennent nous demander leur part de ces richesses.
Ils se montrent sans crainte, et parmi nos guerriers
Ils sont à se mêler si prompts, si familiers,
Que Fernand Velloso d'une marche assurée
S'achemine avec eux pour voir cette contrée.
Ce brave, dont le cœur en sa vaillance a foi,
Croit qu'on est sans péril quand on est sans effroi.

Il était déjà loin, et, dans cette entreprise
Pour sa témérité craignant quelque surprise,
Vers le chemin suivi par cet audacieux
Je tournais, inquiet, ma pensée et mes yeux,
Qand je le vois fuyant d'une course rapide
De la cîme du mont vers la plaine liquide.
Un bataillon de noirs s'élançait sur ses pas
Et déjà, souriant à son prochain trépas,
De son sang en espoir ils repaissaient leur rage.
Nous volons à son aide et le combat s'engage.
Les pierres et les traits pleuvent envain sur nous;
Ces perfides soudain sentent notre courroux;
Sous nos glaives ardents à venger notre injure
La pourpre de leur sang a rougi la verdure,
Et nous abandonnons cet homicide bord
Dont l'hospitalité nous préparait la mort. (6)

Phœbus déjà cinq fois s'était plongé dans l'onde,
Depuis que nos vaisseaux, qu'un vent heureux seconde,
Avaient repris leur cours sur l'humide élément.
Les astres radieux brillaient au firmament;
Les matelots veillaient sur la proue écumante :
Soudain (mon âme encore en frémit d'épouvante),
D'une vapeur sinistre obscurcissant les airs,
Un noir nuage au loin se répand sur les mers.
D'un effroyable bruit les ondes retentissent :
Tel le fracas des flots qui sur des rocs mugissent.
« O suprême pouvoir, vas-tu tonner sur nous?
Sommes-nous menacés de ton divin courroux?
Quel phénomène affreux, quel prodige s'apprête?
Si j'en crois ce fracas, c'est plus qu'une tempête. »

Je disais : tout-à-coup sur le gouffre béant
A nos yeux apparaît un robuste géant; (7)
Il domine les flots de sa stature énorme;
Son air est menaçant, son front pâle et difforme;
Ses yeux étincelaient dans leur orbite creux;
La terre et le gravier souillaient ses noirs cheveux;
Sur son sein ruisselait sa barbe limoneuse
Et ses dents jaunissaient dans sa bouche hideuse :
Il égale, à le voir se dressant dans les airs,
Ce colosse dont Rhode étonna l'univers.
Il nous parle, et du fond de la mer agitée
Semble sortir l'accent de sa voix irritée.
Elle jette l'effroi dans nos cœurs frémissants
Et crispe nos cheveux sur nos fronts pâlissants.

« Arrêtez, nous dit-il, ô peuple sacrilége !
Quoi ! Téthys contre vous n'a plus de privilége !
Quoi ! pour aller chercher des travaux, des combats,
Hardis navigateurs, indomptables soldats,
Vous osez affronter l'étendue infinie
De ces mers dont je suis le souverain génie,
De ces mers dont jamais jusqu'à vous nuls vaisseaux
N'avaient tenté l'accès et profané les eaux !
Vous osez violer les retraites profondes,
Où gisaient inconnus les mystères des ondes,
Cachés par la nature en ces climats lointains
Aux regards curieux des profanes humains.
Apprenez, apprenez, ô criminelle race,
Le juste châtiment que garde à votre audace
Le courroux de ces flots dont vos efforts pervers
Viennent troubler la paix au bout de l'univers.

Malheur, malheur à vous ! ma voix dans ces parages
Contre vous armera les vents et les orages.
Entendez-vous des mers les abîmes grondants?
Malheur aussi, malheur aux nochers imprudents
Qui viendront sur vos pas affronter mes tempêtes !
Aux lueurs de l'éclair flamboyant sur leurs têtes,
Dans ces profondes mers je les engloutirai
Avec l'audacieux qui de mon flot sacré
Le premier aux humains révéla l'existence :
Je l'attends en ces lieux marqués pour ma vengeance.
Ce ne sont encor là contre vos armements
Que les faibles essais de mes ressentiments.
Au livre des destins si mes yeux ont su lire,
Chaque jour, sur ces bords où court votre délire,
Enfantera pour vous des désastres nouveaux;
La mort même sera le moindre de vos maux.
Ce guerrier qui, longtemps chéri de la victoire,
De son nom jusqu'aux cieux élèvera la gloire,
Je le vois sur ces bords à mon pouvoir soumis
Céder sa noble vie à d'obscurs ennemis;
Par un secret arrêt du ciel qui le condamne,
Je vois ce destructeur de la flotte ottomane
Expier sous le fer des Cafres inhumains
Monbaze et Quiloa détruites par ses mains.
Je vois, je vois aussi sur ce brûlant rivage
Un vaillant chevalier jeté par le naufrage.
Il est accompagné d'une jeune beauté;
En elle il met sa joie et sa félicité.
Mais un destin sinistre, une noire fortune
Pour les livrer à moi les dérobe à Neptune.
Pour prix de vos forfaits d'effroyables tourments
Sur ces bords où je règne attendent ces amants.

Dans les convulsions de la faim dévorante
Ils verront sous leurs yeux leur famille expirante.
A la chaste beauté le Cafre ravisseur
Arrachant les habits qui voilaient sa pudeur,
La laissera tantôt au soleil exposée,
Tantôt des fraîches nuits supportant la rosée,
Foulant l'affreux désert de ses pieds délicats
Et cachant dans les bois sa honte et ses appas.
Époux infortunés ! le sort impitoyable
Les ensevelira dans ces plaines de sable.
Leur voix attendrira les rochers d'alentour
De leurs derniers soupirs de tendresse et d'amour,
Et dans l'embrassement de cet amour fidèle
Leur âme s'enfuira de sa prison mortelle. »

Tels étaient du géant les lugubres discours.
De ses prédictions interrompant le cours :
« Quel es-tu donc ? lui dis-je, ô toi dont la stature
Enorme, colossale, étonne la nature ? »
A cette question, l'œil sinistre et hagard,
Le fantôme me lance un effrayant regard ;
Un cri terrible sort de sa bouche profonde,
Et sa voix courroucée au loin mugit et gronde :
« Je garde, me dit-il, ces orageuses mers,
Et ce cap ignoré de l'antique univers,
Ce cap qui, s'avançant vers le pôle Antarctique,
Termine sur ces bords le continent d'Afrique
Et qui, jusqu'à ce jour à tous les yeux célé,
S'indigne qu'aux humains vous l'ayez révélé.
Je suis un des géants, fiers enfants de la terre,
Dont l'audace affronta le maître du tonnerre.

J'ai nom Adamastor ; Encelade et Gyas
M'ont vu contre les Dieux partager leurs combats ;
Tandis qu'amoncelant monts sur monts dans l'espace,
Ils portaient jusqu'aux cieux leur superbe menace,
Du dieu de l'Océan j'ai bravé le courroux
Et disputé les mers à son sceptre jaloux.
Des feux d'un vain amour mon âme était brûlée ;
La nymphe, que depuis obtint l'heureux Pélée,
La divine Thétis (8) allumait dans mon cœur
De cette passion la dévorante ardeur.
Ce cœur, dans son délire, eût dédaigné pour elle
Toutes les déités de la cour immortelle.
Un jour avec ses sœurs, jeune et brillant essaim,
Je la vis, à mes yeux dévoilant son beau sein,
Folâtrer hors des eaux : l'ardente et vive flamme,
Qui m'embrâsa soudain, consume encor mon âme.
Mais, informe géant, ma stature et mes traits
N'étaient pas faits pour plaire à ses jeunes attraits.
Des flots, pour l'obtenir, j'entrepris la conquête.
Doris, de mes fureurs conjurant la tempête,
Osa plaider ma cause. Avec un doux souris
La fille de Nérée à l'aimable Doris :
« Quelle nymphe, dit-elle, eut jamais le courage
« D'accepter d'un géant la tendresse et l'hommage ?
« Cependant il me faut délivrer l'Océan
« Des combats que lui livre un superbe Titan.
« Je saurai, pour sauver l'empire de mon père,
« Du fier Adamastor adoucir la colère. »
Telle fut sa réponse. Hélas ! que d'un amant
Le cœur d'illusions se nourrit aisément !
Le mien, de ce discours embrassant l'assurance,
S'embrâse de désirs et s'emplit d'espérance.

Je renonce aux combats et Doris, en retour,
Me promet de livrer à mon brûlant amour
La jeune déïté qui sur mon cœur domine.
Une nuit, je la vois, cette nymphe divine,
Sans voile et dans l'éclat de toute sa beauté,
Vers moi glisser dans l'ombre avec la volupté.
Je couvre de baisers sa chevelure blonde,
Son front pur, ses beaux yeux.. Mais, ô douleur profonde !
Dérision cruelle! alors que de mes bras
Je croyais entourer ses célestes appas,
Je ne pressais, hélas! dans ma folle tendresse,
Qu'un mont affreux, couvert d'une forêt épaisse.
Au lieu d'un front charmant, un sommet sourcilleux
Recevait les transports de mon cœur amoureux.
Pétrifié moi-même à cet aspect horrible,
Immobile rocher contre un roc insensible,
Je demeurai stupide. O toi que j'aimai tant,
De mon aveugle amour objet trop séduisant,
Thétis, quand je rêvais le bonheur de te plaire,
Que ne me laissais-tu cette heureuse chimère?
Je pars désespéré; la honte sur le front,
J'abandonne ces lieux témoins de mon affront;
Je cherche un autre monde où restent ignorées
Mes larmes, mes douleurs en secret dévorées.
Mes frères cependant avaient contre les cieux
Vainement élevé leurs bras audacieux;
Ils avaient succombé dans leur lutte inégale,
Et, pour mieux assurer sa victoire fatale,
Jupiter, sous les monts par leurs mains entassés,
Avait enseveli leurs membres oppressés.
J'errais inconsolable et pleurant ma disgrâce;
Ici le châtiment attendait mon audace.

Ma chair se convertit en sol dur et pierreux,
Et mon corps de géant par le courroux des Dieux
Se changeant en rocher et s'étendant sur l'onde,
Forma ce promontoire où la tempête gronde,
Et, pour éterniser ma peine et mon tourment,
Thétis de ses flots purs me presse incessamment. »
Il dit : au souvenir de tant d'aimables charmes,
L'amant infortuné verse un torrent de larmes,
Et soudain disparaît sous l'écueil mugissant.
Le nuage dans l'air s'exhale au même instant;
D'un étrange fracas les rochers retentirent;
De longs gémissements sur les eaux s'entendirent;
Et moi, levant au ciel mes suppliantes mains,
Je priai les esprits, gardiens de nos destins,
De détourner des fils de la Lusitanie
Ce qu'annonçait des mers le terrible génie.

Cependant à nos yeux Phœbus aux rayons d'or
Découvre à son lever le cap d'Adamastor;
Et, longeant les contours du promontoire immense,
Sur la mer d'orient notre flotte s'élance.
Chez un peuple innocent que nous offre le ciel
Bientôt nous recevons un accueil fraternel.
Quoiqu'un soleil brûlant ait noirci son visage,
Il n'a rien en ses mœurs de la tribu sauvage
Qui naguère alluma notre juste courroux.
Il venait en poussant des cris joyeux et doux.
Ses troupeaux le suivaient, errants à l'aventure,
En paissant les gazons et la molle verdure.
Assises sur des bœufs au pas tranquille et lourd,
Les femmes s'avançaient en chantant tour-à-tour

Un refrain pastoral dont la simple musique
Se mêlait aux accords du chalumeau rustique.
Tels, des bergers Latins animant les chansons,
Les pipeaux de Tityre enchantaient les vallons.
Ce peuple nous reçoit avec la bienveillance
Que de ses traits heureux annonçait l'innocence.
Joyeux de nous offrir ses champêtres présents
Il emporte, à son tour, nos dons reconnaissants.
Mais sur les bords lointains, où tend notre espérance,
Envain nous consultons sa naïve ignorance.
Sans indices nouveaux sur l'Inde et ses chemins,
Il nous faut lever l'ancre et tenter les destins.

Nous cotoyons long-temps les bords Ethiopiques,
Notre poupe tournée aux climats Antarctiques,
La proue à l'équateur. Déjà loin de nos mâts
Disparaît le contour de l'île de Diaz,
De ce navigateur qui du cap des Tourmentes
Découvrit le premier les roches écumantes.
Puis, durant plusieurs jours, sur ces lointaines mers
Nous voguons au milieu de cent périls divers,
Accusant tour-à-tour les calmes, les orages,
Mais aux difficultés égalant nos courages ;
De nos légers vaisseaux l'essor audacieux
Enfin semblait vainqueur des flots capricieux,
Quand d'un large courant les vagues effrayantes
Arrêtent dans leur vol mes nefs impatientes.
Le choc du tourbillon qui tourmentait les eaux,
Malgré les vents, au loin refoulait nos vaisseaux.
Le Notus indigné de tant de résistance,
S'arme, dans son courroux, de toute sa puissance,

Et, soumettant ces flots jaloux de nos grandeurs,
Nous livre le passage à travers leurs fureurs. (9)
Voilà comme affrontant les vents et les tempêtes,
L'abîme sous nos pieds, la foudre sur nos têtes,
Les fureurs de la mer, les tourments de la faim,
Et des cieux ennemis et des périls sans fin,
Nous allions poursuivant une espérance vaine
Que chaque jour, hélas ! rendait plus incertaine.
Cérès dont Amphitrite altérait les présents
Ne prêtait plus de force à nos corps languissants.
Nous sentions de nos cœurs l'illusion bannie.
Quels autres que des fils de la Lusitanie
N'auraient pas méconnu tout frein et toute loi,
Et la voix de leur chef et l'ordre de leur roi ?
Quels autres n'auraient pas contre leur capitaine
Conçu des sentiments de colère et de haine,
Et, rompant tous les nœuds de la soumission,
Passé du désespoir à la rébellion ?
Mais des guerriers rangés sous mon obéissance
Nuls dangers, nuls travaux n'ont lassé la constance ;
Des loyaux Portugais l'inébranlable foi
Contemple les périls et la mort sans effroi.

Nos âmes cependant, d'un vain espoir bercées,
S'affaissaient sous le poids de leurs tristes pensées,
Lorque par un spectale heureux, inattendu,
Un courage nouveau nous est soudain rendu.
A nos yeux se présente un fertile rivage,
De superbes vallons qu'un grand fleuve partage ;
Aux eaux de l'Océan il va mêler ses eaux
Où, de voiles ornés, voguent de longs bateaux.

Les mortels qui montaient ces nacelles légères
De la race des noirs offrent les caractères ;
Mais le coton moelleux, en turban façonné,
Se replie à l'entour de leur front basané.
Aux barbares accents des peuples de l'Afrique
Ils mêlent quelques mots de la langue arabique ;
Versé dans cette langue, un de nos mariniers,
Martinez, apprend d'eux que d'autres nautonniers
Sur de puissantes nefs propres aux longs voyages
Ont souvent de ces mers visité les parages ;
Que des lieux où Phœbus allume ses rayons
Ils venaient au midi montrer leurs pavillons,
Pour remonter ensuite aux climats que l'aurore
De sa pourpre céleste, à son réveil, colore.
A l'envi répétés, ces mots consolateurs
D'allégresse et d'espoir font palpiter nos cœurs.
Le fleuve où reposait la flotte, je l'appelle
Le fleuve hospitalier de la *Bonne-Nouvelle* ;
Nous élevons la croix sur son rivage heureux,
En bénissant le ciel qui sourit à nos vœux. (10)

Mais la fortune à peine, à mes desseins propice,
Des lieux que je cherchais m'eut donné quelque indice
Que, par une subite et funeste rigueur,
Elle me fit bien cher payer cette faveur.
Telle est la dure loi de notre vie humaine ;
A la prospérité la disgrâce s'enchaîne ;
Le mal succède au bien par de soudains retours ;
Mais sur le bien, hélas ! il l'emporte toujours !
De plusieurs d'entre nous sur l'onde meurtrière
Un terrible fléau termina la carrière.

Qui pourrait de ce mal décrire les horreurs?
Des malheureux marins qu'atteignaient ses fureurs
Les gencives s'enflaient, et dans leur bouche impure
Leurs chairs en se gonflant tombaient en pourriture.
Nul enfant d'Esculape en ce moment fatal
Ne nous prêtait ses soins pour combattre le mal;
Il nous fallut sans art couper ces chairs livides,
Seul moyen d'arrêter leurs progrès homicides.
Toutefois, de l'acier le rigoureux secours
De tous nos matelots ne put sauver les jours.
Au fléau destructeur plus d'un brave succombe.
Oh! que l'homme aisément trouve ici-bas sa tombe!
Que faut-il à la mort! Du soldat, du héros
Un flot, un peu de sable ensevelit les os.

Je quitte enfin ces bords témoins de nos souffrances,
L'âme pleine de deuil, mais aussi d'espérances,
Toujours longeant la côte, afin de découvrir
Quels indices nouveaux elle pourrait m'offrir.
Deux superbes cités, Monbaze et Mozambique,
Ont reçu dans leur port notre flotte héroïque;
Mais, sous le nom sacré de l'hospitalité,
Elles cachaient la ruse et la perversité.
Je ne redirai pas leur cruauté perfide.
Enfin, dans tes remparts, grâce au ciel qui nous guide,
Nous avons rencontré cet accueil généreux
Que ton cœur bienfaisant réserve aux malheureux.
Depuis que tes bontés ont daigné nous sourire,
L'allégresse en nos cœurs et renaît et respire.
Docile à tes désirs, je t'ai dit nos travaux.
Grand roi, tu peux juger, au récit de nos maux,

Si jamais voyageurs aux vagues en furie
Plus intrépidement ont confié leur vie.
Que sont-ils près de nous, ces héros d'autrefois,
Dont le Pinde menteur a chanté les exploits?
Qui pourrait comparer à notre destinée
Les faciles travaux ou d'Ulysse ou d'Enée,
Et ce coin de la mer par leurs nefs visité
Au superbe Océan que nous avons dompté?
Que le barde fameux dont le divin génie
S'abreuvait à longs flots aux sources d'Aonie
Et dont tant de cités, par un combat nouveau,
Se disputaient le nom, la gloire et le berceau ;
Que le chantre sublime, honneur de l'Ausonie,
Cygne mélodieux dont la douce harmonie
De l'heureux Mincio réjouissait les bords
Et le Tibre orgueilleux de ses brillants accords ;
Que ces fils d'Apollon dans leurs chants poétiques
Epuisent les trésors des fictions épiques ;
Qu'ils fassent dans leurs vers pleurer des Calypsos
Accusant le départ d'un volage héros ;
Qu'ils peignent des Circés et des enchanteresses,
Des cyclopes hideux, des sirènes traîtresses,
Et des fruits du Lotos le dangereux poison
Des compagnons d'Ulysse énivrant la raison ;
L'Eolie aux Troyens envoyant ses tempêtes,
L'immonde Céléno voltigeant sur leurs têtes,
Palinure englouti par les flots mugissants
Et le fleuve des morts franchi par les vivants ;
L'imagination, amassant des prodiges,
Envain leur prêtera ses plus brillants prestiges ;
Ils n'approcheront pas de la réalité
Qu'en mes simples récits te peint la vérité. »

Ainsi parlait Gama. L'assemblée attentive
Aux lèvres du héros, dont la voix la captive,
Demeurait suspendue. Un murmure flatteur
Accueille le discours du grand navigateur.
Le prince de Mélinde exalte le courage,
La grandeur, les vertus des souverains du Tage,
Du peuple Portugais l'héroïque fierté,
Le loyal dévouement et la fidélité.
Chacun va répétant ce qui dans leur histoire
Paraît, à son avis, plus digne de mémoire,
Et ne peut se lasser d'admirer ces héros
Dont les nefs ont franchi l'immensité des flots.
Cependant les coursiers du Dieu qui sur la terre
Répand de ses clartés le torrent salutaire,
Vers le sein de Thétis précipitaient leurs feux :
Le roi rentre au palais d'un pas majestueux.

Que la louange est douce, et qu'un cœur magnanime
Est sensible aux tributs d'une lyre sublime!
Vivre dans l'avenir par des travaux fameux,
Telle est l'ambition des mortels généreux!
Le glorieux désir de l'estime du monde
Des belles actions est la source féconde,
Et des âges futurs le suffrage est le prix
Qui pousse aux grands efforts les illustres esprits.
Alexandre d'Achille admirait la vaillance;
Mais des Muses surtout il sentait la puissance;
Et pour éterniser le vainqueur de Memnon,
Il enviait Homère au vainqueur d'Ilion.
Thémistocle, au sommeil arraché par la gloire,
Rêvait de Marathon l'immortelle victoire;

Le bruit le plus flatteur était pour lui la voix
Qui disait son courage et contait ses exploits.
A Gama, le héros de la Lusitanie,
Qui pourrait comparer l'époux de Lavinie ?
Mais Auguste honorait le cygne harmonieux
Qui chanta des Troyens le monarque pieux,
Et, grâce aux doux accords d'un favori du Pinde,
Enée est plus fameux que le vainqueur de l'Inde.
Nous avons des héros dignes des anciens temps
Par leur cœur intrépide et leurs faits éclatants ;
Mais, farouches soldats, fiers de leur barbarie,
Ils bannissent les arts de ma triste patrie.
Aux muses cependant Mars peut sacrifier.
Octave au sein des camps cultivait leur laurier,
Et contre Fulvia dans ses jeux poétiques
Aiguisait sa colère et ses traits satiriques.
César, qui de Pompée abaissa le grand nom,
César à la tribune égalait Cicéron ;
De la main qu'à Pharsale illustra la victoire
De la Gaule conquise il écrivait l'histoire.
Scipion, si fameux dans les travaux de Mars,
De l'aimable Thalie obtint de doux regards.
Seuls, les rudes enfants de la Lusitanie
Négligent la culture et les dons du génie.
Eh ! peuvent-ils, nourris dans nos barbares mœurs,
Rechercher d'Apollon les célestes faveurs ?
Leur sauvage ignorance, ô honte de notre âge !
Méprise les neuf sœurs et leur divin langage.
Cependant la nature et la fatalité
Ne nous condamnent pas à la stérilité ;
Et, moins indifférent au laurier littéraire,
Le Portugal sans doute aurait eu son Homère.

Mais il est insensible au charme des beaux vers,
Et, si toujours du Pinde il fuit les doux concerts,
Bientôt il n'aura plus ou d'Enée ou d'Achille,
Le peuple qui n'a point d'Homère ou de Virgile.
Ce qui chez nous s'oppose au poétique essor,
Portugais, c'est l'amour, le vil amour de l'or.
C'est lui qui du génie étouffe en vous les flammes
Et de son souffle impur va flétrissant vos âmes.
Que Vasco rende grâce aux nymphes d'Hélicon
Dont les nobles accords ont célébré son nom.
Ni Vasco, ni les siens n'avaient rien fait pour elles.
Avaient-ils mérité que ces sœurs immortelles,
Oubliant leur injuste et superbe dédain,
Pour chanter leurs exploits prissent la lyre en main?
L'amour seul du pays, l'orgueil patriotique
Inspirent les accents de leur luth héroïque.
Prêtez, fils de Lusus, l'oreille à ses accords.
Nourrissez dans vos cœurs les généreux transports,
Des belles actions le goût héréditaire,
Et la gloire sera votre immortel salaire.

CHANT SIXIÈME.

Le prince de Mélinde aux guerriers Portugais
Prodigue les plaisirs, les fêtes, les banquets.
Il veut par l'amitié, par la reconnaissance
De ce peuple puissant s'assurer l'alliance.
« Pourquoi, leur disait-il, mon trône et mes états
Ont-ils été placés si loin de vos climats
Et du détroit fameux où l'invincible Alcide
Ouvrit un nouveau cours à l'onde océanide? »

Cependant, l'allégresse en tous lieux circulant,
Les danses, les festins vont se renouvellant.
Partout règnent les jeux, les joyeux exercices;
Et, pour les Portugais épuisant ses délices,
Mélinde de la terre et de l'air et des eaux
Leur prodigue à l'envi les présents les plus beaux.
Mais l'hospitalité trop longtemps sur ces rives
Du valeureux Gama retient les nefs oisives.
Un zéphir favorable, accusant son retard,
A frémi dans les airs et l'invite au départ.
Des trésors de Cérès ayant chargé sa flotte,
Il prend pour la guider un habile pilote,
Et, prêt à défier l'Océan furieux,
Du prince de Mélinde il reçoit les adieux :

CHANT VI.

« Oui, de votre amitié donnez-nous cette marque;
Revenez, lui disait le généreux monarque,
Revenez visiter ces rivages heureux;
Du peuple et de son roi vous comblerez les vœux.
Au noble souverain de la Lusitanie
Je dévoue et mon cœur et mon trône et ma vie.
Vous, qu'un destin propice a guidé vers nos mers,
Ces bords à vos vaisseaux seront toujours ouverts. »

Ainsi le bon monarque aux Portugais s'adresse.
L'amiral lui répond avec même tendresse.
Il livre enfin sa voile au souffle heureux des vents
Et reprend son chemin sur les flots écumants.
Tranquille sur la foi de son fidèle guide,
Il s'avance d'un cours triomphant et rapide.
Bientôt il va toucher aux lieux où le soleil
Du sein des flots s'élance en pompeux appareil;
De la mer d'Orient si longtemps désirée
Son navire déjà fend la plaine azurée.
Bacchus, des Portugais l'éternel ennemi,
Par leurs succès encor dans sa haine affermi,
A l'aspect de leurs nefs que pousse un vent prospère,
Sent tout son cœur frémir de honte et de colère.
A la Lusitanie il sait que le destin
Prépare les grandeurs de l'empire Latin;
Qu'ainsi l'a décidé la suprême sentence
D'un pouvoir au-dessus de toute résistance.
De sa défaite encor pour retarder le jour,
Furieux, il descend au terrestre séjour,
Et, s'ouvrant de Thétis les demeures profondes,
Il se rend au palais du souverain des ondes.

Au fond de cet abîme où sous des amas d'eau
L'Océan d'Amphitrite a caché le berceau
Et d'où les flots grondants, les vagues turbulentes
S'élancent à la voix des tempêtes sifflantes,
Le puissant Dieu des mers a son trône et sa cour.
Les flots respectueux suspendus à l'entour
Laissent au fond du gouffre un vaste espace vide
Habité par les Dieux de l'élément liquide.
Dans une plaine immense et qu'aux regards mortels
Dérobent de Thétis les voiles éternels,
Sur un sable d'argent brille, élégante et pure,
D'un palais de cristal la noble architecture.
Il éblouit les yeux par un éclat pareil
Au feu du diamant sous les feux du soleil.
De perles et d'or fin ses portes resplendissent,
Et, malgré la fureur dont tous ses sens frémissent,
Bacchus s'est arrêté devant l'art sans égal
Du ciseau qui sculpta cet or et ce cristal.
Il voit les éléments dont le chaos antique
Enfermait dans son sein le germe antipathique
Sortir, impatients, de leur confusion
Et chacun désormais remplir sa fonction.
Il voit le feu planant dans la sphère sublime,
Le feu, présent du ciel, et par qui tout s'anime.
Au-dessous, l'air circule avec légèreté;
Son fluide invisible emplit l'immensité.
Puis, apparaît, le front couronné de montagnes,
La terre, de verdure émaillant ses campagnes,
Et versant de ses fruits le trésor éternel
Aux êtres enfantés par son sein maternel.
Demeure des poissons, l'eau serpente en ses plaines
Et porte la fraîcheur dans ses profondes veines.

Ailleurs, sont retracés les combats des Titans
Contre les Immortels, de l'Olympe habitants;
Sous le poids de l'Etna l'audacieux Typhée
Vomit envain les feux de sa rage étouffée.
Là, Neptune d'un coup de son sceptre puissant
Fait jaillir de la terre un coursier frémissant.
Là, s'avance Minerve, en sa main tutélaire
Portant de l'olivier le rameau salutaire.

Bacchus, dans le transport de ses ressentiments,
Donne à peine un coup-d'œil à ces grands monuments;
Il se hâte d'entrer au palais d'Amphitrite.
Neptune, prévenu qu'un Dieu lui rend visite,
De sa cour entouré, s'empresse à recevoir
L'hôte qu'en ses états il est surpris de voir.
« Cesse de t'étonner, dit le Dieu des vendanges;
La fortune parfois a des retours étranges.
L'inflexible destin, égal à tous les rangs,
Dans ses sévérités n'épargne pas les grands.
Convoque tous les Dieux du maritime empire.
Ils sauront quel motif en ce séjour m'attire;
Ils sauront quel outrage insupportable, affreux,
Se prépare pour moi, pour toi-même et pour eux. »

Il dit; le souverain des royaumes humides
A Triton, le héraut de ses ordres rapides,
Commande de sonner le signal solennel
Dont les Dieux de la mer reconnaissent l'appel.
Triton, géant difforme, eut jadis pour sa mère
La nymphe Salacie, et Neptune est son père.
Aux ordres de ce Dieu prêt à voler soudain,
Il porte une trompette en sa robuste main.

Des débris de limon chargent sa barbe noire,
Et du peigne jamais il n'a passé l'ivoire
Sur l'inculte forêt de ses cheveux crépus ;
Des coquillages noirs y flottent suspendus,
Et d'une large écaille, où la pourpre rayonne,
Le contour sur son front s'arrondit en couronne. (1)
A peine il a reçu l'ordre du roi des mers,
Sa conque tortueuse ébranle au loin les airs,
Et d'échos en échos le son parcourt les ondes.
Toutes les déités des demeures profondes,
Au signal qui partout roule retentissant,
Se hâtent d'accourir au près du Dieu puissant
Qui, d'un prince parjure écoutant la promesse,
Releva ces remparts que détruisit la Grèce.

C'est le vieil Océan, qui s'avance escorté
De l'innombrable essaim de sa postérité ;
C'est Nérée et Doris, avec les Néréides
Dont leur hymen peupla leurs domaines liquides ;
Protée, à cet appel du souverain des eaux,
Abandonne un moment le soin de ses troupeaux ;
Mais au cœur de Bacchus il a déjà su lire
Quel sujet important au sein des flots l'attire.
La majesté, la grâce empreintes dans ses traits,
Par un autre chemin Téthys, pleine d'attraits,
Au palais de Neptune en même temps s'avance :
Les flots émerveillés l'admirent en silence.
D'un tissu délié les replis délicats
D'une gaze légère entourent ses appas ;
Mais à travers ce voile au regard qu'elle enchante
Brille d'un doux éclat leur forme ravissante.

Avec Téthys venait Amphitrite aux yeux bleus,
Belle comme une fleur que les zéphirs heureux
Caressent au printemps de leur suave haleine;
Le fidèle dauphin qu'à sa suite elle amène
Du monarque des mers qui lui portait ses vœux
Lui conseilla jadis de couronner les feux.
L'étincelant éclat de ses vives prunelles
Défierait du soleil les clartés immortelles.
Ces deux divinités vers le toit conjugal,
Se tenant par la main, marchaient d'un pas égal.
Ensuite vient Ino, de Palémon suivie,
Ino, qui, d'Athamas évitant la furie,
S'élança dans les flots et fut avec son fils
Admise au rang des Dieux sur qui règne Téthys.
Palémon, tout joyeux, comme on l'est au jeune âge,
Ramasse au fond des eaux maint brillant coquillage;
Et Panope, qu'émeut la grâce de l'enfant,
L'emporte entre ses bras, heureux et triomphant.
Glaucus, jadis changé par une herbe magique
En muet habitant de l'empire aquatique,
Et, depuis, par Neptune entre les Dieux placé,
Venait, pleurant encor les fureurs de Circé
Et la triste Scylla sur qui d'une rivale
Retomba la vengeance implacable et fatale,
Tant l'amour outragé, dans ses transports jaloux,
Sur l'objet de sa haine appesantit ses coups!

Les Dieux sont assemblés dans une salle immense,
Resplendissante d'or et de magnificence.
En ordre ils ont rempli leurs siéges fastueux.
Neptune leur sourit d'un front majestueux.

Il fait placer Bacchus, par un honneur suprême,
Sur un trône pompeux et semblable au sien même,
Tandis que l'ambre exhale une douce vapeur
Et remplit le palais de sa suave odeur.
Le tumulte a cessé ; Bacchus alors commence
A dévoiler son cœur altéré de vengeance ;
Il a chargé son front de haine et de fureur,
Et, donnant à sa voix un accent de douleur,
Aux déités des mers contre les fils du Tage
Il inspire en ces mots son implacable rage :

« Frère du Dieu puissant qui régit l'univers,
Toi qui d'un pôle à l'autre as le sceptre des mers,
Et qui pour chaque peuple as fixé la limite
Dont il ne peut franchir la barrière prescrite ;
Et toi, qui de tes flots qu'ils osent défier,
Vénérable Océan, presses le monde entier ;
Vous tous, Dieux de la mer, vous dont la race humaine
Longtemps avec terreur contempla le domaine,
Dieux jaloux, dont jamais aucun navigateur
N'affronte impunément le courroux destructeur,
Combien de temps encor d'une orgueilleuse race
Voulez-vous supporter l'insupportable audace ?
Et de ces vils humains, dignes de mille morts,
Ne punirez-vous pas les insolents efforts ?
Rien n'est sacré pour eux : au maître du tonnerre
Jadis leur fol orgueil a déclaré la guerre ;
Aujourd'hui l'Océan gémit sous leurs vaisseaux,
Et, maîtresse en espoir de l'empire des eaux,
De ces aventuriers la troupe criminelle
Ose franchir des flots la barrière éternelle.

Plus loin que n'ont jamais pénétré les Romains
Sur les champs d'Amphitrite ils s'ouvrent des chemins.
Quand Jason, le premier fendant la plaine humide,
Dirigea son navire aux bords de la Colchide,
Tous les vents conjurés contre l'audacieux
Déchaînèrent soudain leurs souffles dans les cieux,
Et vous, que d'un impie outrage l'arrogance,
Vous pouvez différer une prompte vengeance !
Nos affronts sont communs, hélas ! et des lauriers,
Antique et digne prix de mes travaux guerriers,
Je vais voir sur mon front la couronne fanée
Et dans tout l'Orient ma gloire profanée.
Ces hardis étrangers, conquérants de la mer,
(Ainsi l'ont résolu le sort et Jupiter)
Vont ranger sous leurs lois les climats de l'Aurore.
Contre l'ambition dont le feu les dévore
J'ai tenté vainement de susciter les Dieux.
Fuyant, dans mon dépit, leur Olympe odieux,
Je viens auprès de vous chercher au sein des ondes
Des consolations à mes douleurs profondes. »

De ses yeux, à ces mots, coule un ruisseau de pleurs.
Tous les dieux de la mer partagent ses fureurs.
Le fier ressentiment qui dans leurs cœurs s'élève
N'admet point de conseil, ne connaît point de trêve.
Neptune au sombre Eole a commandé soudain
De déchaîner des vents l'impétueux essaim
Et de purger les mers, domaines d'Amphitrite,
D'un peuple usurpateur dont l'audace l'irrite.
Protée, entre les dieux de l'humide élément,
Seul ne se livre pas à cet emportement.

Dévoilant l'avenir d'un accent prophétique,
Il allait renverser leur espoir chimérique ;
Mais Nérée, Amphitrite et tous les autres dieux
Etouffent son discours par leurs cris furieux.
Eole, obéissant au souverain de l'onde,
Du fond des noirs cachots où la tempête gronde
Précipite les vents contre les Portugais.
Les ouragans, chargés de nuages épais,
S'élancent, dévastant les plaines désolées
Et battant les remparts des villes ébranlées.
L'air est épouvanté de leurs rugissements
Et les monts ont frémi sur leurs vieux fondements.

Tandis qu'en son palais délibérait Neptune,
Les enfants de Lusus, poursuivant leur fortune,
Au souffle du zéphir propice à leur essor
Fendaient d'un cours heureux le flot paisible encor.
Déjà l'heure appellait à la seconde veille
Les matelots dormants que le devoir réveille ;
Brusquement arrachés à leur premier repos,
Ils viennent, du sommeil secouant les pavots,
Et, s'efforçant d'ouvrir leur paupière pesante,
S'agitent, frissonnants sous la brise piquante ;
Puis, par de gais propos, charme des longues nuits,
Ils éloignent Morphée et trompent leurs ennuis.
« Par des chansons d'amour égayons le voyage,
Dit Léonard, qu'amour en ses liens engage. »
Velloso lui répond : « Un récit de combats
Mieux que des chants d'amour convient à des soldats.»
Et toute l'assemblée au même instant s'écrie :
« Oui, dis-nous quelque exploit de la chevalerie. »

Et Velloso commence : « Ecoutez, compagnons :
Douze héros, fameux entre les plus grands noms, (2)
De la Lusitanie ont rehaussé la gloire;
Je vais vous raconter leur mémorable histoire.
Suivez de leur valeur l'exemple généreux;
Il est beau d'imiter les héros et les preux.

Jean premier, fils de Pèdre, en ses mains souveraines
De l'état raffermi réunissait les rênes;
Ses voisins, respectant son repos glorieux,
Admiraient dans sa force un roi victorieux,
Quand la sombre Albion, cette froide contrée
Où sans cesse frémit le souffle de Borée,
Vit naître un différend qui de nos chevaliers
Devait accroître encor l'honneur et les lauriers.
Entre de fiers barons de la cour d'Angleterre
Et ses jeunes beautés s'éleva cette guerre;
Il arriva qu'un jour la discorde en leurs cœurs
Répandit ses poisons et souffla ses fureurs,
Et de ces nobles lords en paroles infâmes
Le courroux s'exhala contre l'honneur des dames.
« Si quelqu'un, dirent-ils, prétend nous démentir,
Qu'il vienne; nous saurons l'en faire repentir;
Qu'il vienne, armant son bras du glaive ou de la lance,
Contre nous en champ clos essayer sa vaillance. »
A ces discours hautains que pouvaient opposer
Les timides beautés qu'ils osent accuser?
En vain leur innocence à venger leur outrage
D'un frère ou d'un amant invite le courage.
Tel est des offenseurs le rang et le pouvoir
Que nul n'ose contre eux écouter le devoir.

Enfin, baignant de pleurs leurs visages d'albâtre
Dont la beauté rendrait le ciel même idolâtre,
Les dames que poursuit un injuste courroux
Vont du duc de Lancastre embrasser les genoux.

Lancastre au premier rang entre les princes brille;
Jadis il disputa le trône de Castille ;
Dans cette grande lutte, aidé des Portugais,
Il vit de leur valeur mille et mille hauts faits.
Au Portugal encore un autre nœud l'enchaîne ;
Des Lusitaniens la belle souveraine,
L'épouse que leur roi chérit d'un chaste amour
Doit au noble Lancastre et son nom et le jour.
Le duc, sans provoquer des discordes cruelles,
Ne peut s'armer lui-même en faveur de ces belles;
Il leur désigne au moins de vaillants défenseurs
Qui sauront les venger de leurs fiers oppresseurs :
« Lorsque j'osai prétendre au sceptre d'Ibérie,
Je connus les enfants de la Lusitanie.
Généreux chevaliers, ils n'hésiteront pas
A signaler pour vous la force de leurs bras.
Au nom de votre honneur, que vos lettres plaintives
Réclament le secours de leurs lances oisives.
En termes à la fois et tendres et discrets
Sous l'appui de leur fer mettez vos intérêts.
Vous les verrez soudain, touchés de votre injure,
Voler pour vous défendre et punir l'imposture. »

Ces beautés étaient douze ; entre les plus fameux,
Le sort pour champions leur nomme douze preux,
Et le duc fait porter par des varlets fidèles
A la cour du roi Jean les lettres de ces belles.

Ce message imprévu, mais cher à des guerriers,
D'une héroïque ardeur remplit les chevaliers ;
Le roi même à l'instant volerait à leur tête ;
Mais de son rang royal la majesté l'arrête.
Vengeurs de la beauté, tous brûlent de courir
A ce noble tournois qu'elle va leur ouvrir ;
Envain de cet honneur chacun se prétend digne ;
Il n'appartient qu'à ceux que Lancastre désigne.
Tandis que dans la ville, à qui le Portugal
Doit son nom rayonnant d'un éclat sans égal,
Un vaisseau les attend, prêt à voler sur l'onde,
Ils préparent le fer où leur espoir se fonde,
Les casques éclatants, les superbes cimiers,
Et les riches manteaux et les forts boucliers,
Devise ingénieuse, élégante armoirie,
Et tout ce qui convient à la chevalerie.
Déjà leur noble prince a reçu leurs adieux.
Intrépides, portant la victoire en leurs yeux,
Tous égaux en audace, en vigueur, en adresse,
Ils partaient, quand Magrice à leur troupe s'adresse :

« Dès longtemps mon désir est de porter mes pas
Sous des cieux étrangers dans les lointains climats,
De voir les flots du Rhin, du Tibre et de la Seine,
Les états différents et leur changeante scène,
Les mœurs des nations, leurs usages divers
Et l'aspect varié de l'immense univers.
Aux rives d'Albion, et sans m'y faire attendre,
En même temps que vous je promets de descendre.
Cependant, si le ciel, maître de mon destin,
Au milieu de ma course avait marqué ma fin,

Vous sauriez bien sans moi terminer l'entreprise
Dont l'honneur nous appelle aux bords de la Tamise.
Mais ni fleuves ni monts, j'ose ici m'en flatter,
Ni le sort envieux ne sauront m'arrêter,
Et nos bras redoutés, protégeant l'innocence,
De ses persécuteurs puniront l'insolence. »

Il dit, et les embrasse, et, prenant congé d'eux,
Hâte de son coursier les pas impétueux
A travers la Castille, où de notre courage
Se conserve en cent lieux l'éclatant témoignage ;
Il franchit la Navarre et ses monts sourcilleux
Dont les sommets altiers se perdent dans les cieux,
Admire les grandeurs de la France héroïque
Et termine sa course aux champs de la Belgique.
Longtemps par la splendeur de ses fameux remparts
Bruges du chevalier captive les regards,
Tandis que ses amis, poussés d'un vent prospère,
Ont déjà passé l'onde et touché l'Angleterre.
Les enfants de Lusus avec un noble orgueil
Reçoivent de Lancastre un gracieux accueil,
Et, dans les gais festins où le duc les convie,
Des mains de la beauté la valeur est servie.
Déjà sont désignés les douze preux anglais
Qui croiseront le fer contre les Portugais.
Des deux parts on s'apprête à la lutte promise
Qui doit glorifier le Tage ou la Tamise.
Les dames, en voyant des fils du Portugal
Le brillant appareil, l'air fier et martial,
S'assurent du triomphe, et chacune en sa joie
Des plus riches habits revêt l'or et la soie,

CHANT VI.

Étale fièrement ses atours les plus beaux
Et joint à ses attraits l'éclat de ses joyaux.
Une seule à son cœur interdit l'allégresse ;
Son long voile de deuil annonce sa tristesse ;
Sa douleur, ô Magrice, invoque le trépas.
« Rassurez-vous, madame, et comptez sur nos bras,
Lui disent les guerriers de la Lusitanie ;
Vainement contre vous frémit la calomnie ;
Si votre défenseur vous délaisse aujourd'hui,
Nous vous protégerons et nous vaincrons sans lui. »

Enfin pour le combat la lice est préparée ;
D'un vaste amphithéâtre elle s'ouvre entourée,
Où le roi d'Angleterre, honorant ce grand jour,
Siége pompeusement au milieu de sa cour.
Des rives de l'Oxus jusqu'aux rives de l'Ebre
Jamais de nul guerrier par ses exploits célèbre
La valeur n'égala celle de ces héros.
Qui d'une et d'autre part vont joûter en champ clos.
Les coursiers écumants sous leurs maîtres hennissent ;
Les lances, les écus, les casques resplendissent,
Et leur acier brillant, au diamant pareil,
Darde au loin ses éclairs aux rayons du soleil.
Quoiqu'un des Portugais laisse une place vide,
Leur ardeur de combats n'en est pas moins avide ;
Et déjà les clairons préludaient au signal.
Qui devait engager ce combat inégal,
Quand un bruit tout-à-coup s'élève, et dans la lice
Un noble chevalier paraît... C'était Magrice,
En armes, à cheval et tout bardé de fer.
Ce vaillant paladin d'un air courtois et fier

Des dames et du roi s'approche, et les salue ;
Puis, joint des Portugais la troupe résolue.
A l'aspect du héros, la dame au voile noir
Dans son cœur affligé sent renaître l'espoir ;
Elle va se parer de ses habits de fête
Et reparaît joyeuse au tournois qui s'apprête.

Le clairon retentit ; le cœur des chevaliers
Et palpite et s'anime à ses accents guerriers.
Tous d'un rapide essor s'élancent dans l'arène ;
Des chevaux bondissants le pied brûle la plaine ;
Au choc impétueux des coursiers et du fer
Ici le cavalier vole et roule dans l'air ;
L'autre tombe abattu sous son cheval qui tombe ;
Percé d'un coup mortel, le troisième succombe ;
Aux arçons de la selle un autre est suspendu,
Un autre dans son sang sur la poudre étendu.
Tout annonce aux Anglais une déroute entière.
Plus d'un frappé d'effroi déserte la carrière.
Le reste encor résiste, et, la lance à la main,
Lutte contre nos preux et contre le destin.
Mais de nos Portugais que ne peut le courage ?
La lutte en un moment tourne à leur avantage.
Je ne vous peindrai pas leurs invincibles coups
Et des Anglais vaincus l'inutile courroux ;
Pour tout dire en un mot, l'imposture est punie :
La gloire en est aux fils de la Lusitanie.
Chez le noble Lancastre en triomphe conduits,
Le prince les convie à de joyeux déduits.
Les dames, dont leur bras a défendu la gloire,
Président aux banquets offerts à la victoire

Et fêtent chaque jour jusques à leur départ
Ceux qui de leur honneur ont été le rempart. » (3)

Tandis que l'assemblée, en silence, attentive,
Ecoute ce récit dont l'attrait la captive,
Soudain le nautonnier, gardien laborieux,
Qui veille au gouvernail, l'œil fixé vers les cieux,
S'est écrié : « Du vent je sens fraîchir l'haleine;
Abaissez, abaissez la voile de misaine.
Dans ce nuage noir, compagnons, voyez-vous
L'orage s'amasser, prêt à fondre sur nous? »
La manœuvre prescrite à peine est terminée,
Que dans l'air la tempête a sifflé déchaînée.
« Baissez la grande voile » a crié de nouveau
Le pilote effrayé des périls du vaisseau.
Il disait; mais déjà le souffle de Borée
Frappe, emporte la voile à grand bruit déchirée.
On croirait au fracas qui mugit dans les airs,
Que sur ses fondements va crouler l'univers.
D'effrayantes clameurs s'élèvent... L'épouvante,
Redoublant le désordre, à son tour s'en augmente.
Cédant à la fureur de ces chocs violents,
Le navire à grands flots reçoit l'onde en ses flancs.
De nouveau le pilote aux matelots dociles :
« A la mer, à la mer les fardeaux inutiles!
L'onde nous envahit; faisons force de bras.
Marins, à votre poste! A la pompe soldats! »
Du vaisseau ballotté le roulis les arrête.
Le gouvernail s'agite au gré de la tempête.
De trois forts matelots en vain le bras nerveux
Oppose à ses écarts des cables vigoureux.

Contre les vents ligués leur résistance échoue
Et l'ouragan vainqueur de leurs efforts se joue.
Pour renverser Babel et ses murs orgueilleux,
Éole eût déchaîné des vents moins furieux.
Le navire, jouet de la vague écumante,
Semble un léger bateau qu'emporte la tourmente.
Tantôt l'onde en grondant le lance dans les airs,
Tantôt le précipite aux portes des enfers.
Dans cette horrible nuit dont les voiles funèbres
N'entr'ouvrent qu'aux éclairs leurs profondes ténèbres,
On dirait qu'à la fois tous les vents élancés
Veulent broyer le monde en leurs chocs insensés.
L'alcyon, rappelant son infortune antique,
Pousse au loin sur la grève un cri mélancolique.
Le dauphin s'épouvante au bruit de l'ouragan
Et fuit au fond des eaux de l'immense Océan.
Vulcain jadis forgeait des foudres moins terribles,
Alors que, secondé des Cyclopes horribles,
Il battait dans Lemnos de ses marteaux brûlants
Du souverain des Dieux les traits étincelants.
Des éclairs moins ardents embrâsèrent les ondes,
Lorsque, ébranlant des mers les demeures profondes,
Le déluge couvrit l'univers désolé,
Qui des mains de Pyrrha dut être repeuplé.

En butte sans ressource aux fureurs de l'orage,
Suspendu sur l'abîme et voisin du naufrage,
Près de voir ses projets sous l'onde ensevelis
Au moment où ses vœux allaient être remplis,
Gama s'adresse à toi, céleste Providence,
A toi, des malheureux la suprême espérance :

« Grand Dieu, dont les regards embrassent tous les lieux,
Qui gouvernes les flots, et la terre et les cieux,
Toi, par qui les Hébreux d'une marche assurée
S'ouvrirent un chemin dans la mer Erythrée,
Toi, qui veillas sur Paul au milieu des déserts
Et défendis Noé de la fureur des mers,
Hélas! permettras-tu qu'au terme du voyage,
Après tant de travaux soufferts avec courage,
Après tant de périls noblement affrontés,
Nous soyons engloutis par les flots irrités,
Nous qui voulions porter aux bornes de la terre
De ta religion le flambeau salutaire?
Heureux ceux qui sont morts sous le fer africain;
Qui, tombés en héros les armes à la main,
Ont prodigué leur sang pour la foi paternelle!
La mort leur a conquis une gloire immortelle;
A ce prix le trépas à dû leur sembler doux. »
Il disait, et des vents l'implacable courroux
N'a point encor cessé d'animer la tempête;
Comme un taureau sauvage, il mugit sur leur tête;
Les flots sont embrâsés de sinistres éclairs;
On dirait que le ciel, s'écroulant sur les mers,
Sous l'immense débris de sa chûte profonde
Au chaos primitif va replonger le monde.

Mais voilà que Vénus à l'horizon lointain
A montré dans les cieux l'étoile du matin
Qui, du jour prêt à luire heureuse avant-courrière,
D'une orageuse nuit va fermer la carrière.
La déesse, à l'aspect des périls trop certains
Qui de ses Portugais menacent les destins,

De crainte et de courroux sent son âme saisie :
« Bacchus, je reconnais ta noire jalousie;
Mais j'en saurai, perfide, arrêter les effets,
Et je vais sans tarder confondre tes projets. »
Elle parle, et du haut de la voûte azurée
S'élançant vers les flots, aux filles de Nerée :
« Pour servir mes desseins, des plus brillantes fleurs,
Que sur vos fronts, dit-elle, éclatent les couleurs;
Parez vos blonds cheveux de la pourpre des roses. »
Et leur front brille orné de fleurs fraîches écloses;
Puis, pour calmer les vents qui soulèvent les eaux
Et des fils de Lusus tourmentent les vaisseaux,
Les nymphes de la mer s'avancent rayonnantes,
Comme un riant essaim d'étoiles éclatantes.
Des Autans à leur vue expire le courroux.
Ils admirent leurs fronts si charmants et si doux,
Et leurs cheveux flottants en longues tresses blondes
Qui d'un nouvel éclat illuminent les ondes.
Désarmés par l'amour, ils cessent leurs combats;
Leur colère est vaincue et cède à tant d'appas.
« Se peut-il que de toi je me croie adorée?
Dit la belle Orithye au farouche Borée.
L'amour doit-il jamais inspirer la terreur?
La douceur lui convient, et non pas la fureur.
Modère tes transports, ou l'effroi qui me presse
Dans mon cœur malgré moi va glacer ma tendresse. »
La belle Galatée au redoutable Auster
Tient le même dicours. Ce fier tyran de l'air
Dès longtemps soupirait pour la jeune immortelle
Qui toujours à ses vœux montrait un cœur rebelle.
Mais, à sa douce voix de bonheur palpitant,
Heureux de lui complaire, il s'apaise à l'instant.

Ainsi des autres vents les fureurs homicides
Se calment à l'aspect des autres Néréides;
Divine Cythérée, entre tes belles mains
Ils viennent abjurer leurs projets inhumains.
Par un pacte équitable, ô reine d'Idalie,
Alors entre eux et toi la paix est rétablie;
Que de tes Portugais ils respectent les jours
Et tu seras enfin propice à leurs amours.

Le jour naissant dorait les campagnes fécondes
Que le Gange superbe arrose de ses ondes,
Quand, du haut du grand mât, les matelots joyeux
Ont vu de loin la terre apparaître à leurs yeux.
« Amis, s'est écrié le nocher de Mélinde,
Je ne me trompe pas, c'est la terre de l'Inde;
Elle offre à mes regards le port de Calicut;
Et si de vos travaux l'Inde seule est le but,
Ne craignez plus les flots, les vents et les orages;
Votre course finit à ces prochains rivages. »
A ces mots, l'amiral, des éléments vainqueur,
Aux transports de la joie abandonne son cœur;
Et, tombant à genoux, dans sa reconnaissance
Il bénit du Très-Haut l'auguste providence :
Naguère en proie aux vents contre lui déchaînés,
Et près d'être englouti sous les flots mutinés,
Echappé maintenant à la mer infidèle
Et saluant la terre où son destin l'appelle,
Il goûte ce bonheur que nous donne au réveil,
Après un rêve affreux, la clarté du soleil.

Voilà par quels travaux les amants de la gloire
Assurent à leurs noms une longue mémoire,

Que peuvent pour le tien des ancêtres fameux,
Toi, qui languis plongé dans un repos honteux,
Et sur ta couche d'or, siége de la mollesse,
Des toisons de Moscou réchauffes ta paresse.
La gloire fuit l'apprêt des festins somptueux,
Et des bocages frais l'abri voluptueux,
Et tous les vains plaisirs et les folles délices
Où l'homme corrompu puise et nourrit ses vices.
Elle jette sur vous des regards de mépris,
Sur vous, de la fortune avares favoris,
Qui, poursuivant des biens trompeurs et chimériques,
Désertez le chemin des vertus héroïques.
La gloire ! elle n'est pas dans l'antique blason
Dont un noble orgueilleux pare son écusson.
Elle veut qu'un mortel par lui-même s'élève :
Il faut, pour l'obtenir, oser ceindre le glaive,
Endurer bravement les veilles, les travaux,
L'effort de la tempête, et la fureur des eaux,
Les chaleurs de l'été, des hivers la froidure,
Au pain grossier des camps devoir sa nourriture,
Incapable d'effroi, montrer un front serein
Sous une grêle ardente et de fer et d'airain
Et voir, sans se troubler, dans les champs de la guerre
Tomber, percé de coups, son compagnon, son frère.
Une âme, ainsi formée aux vertus du soldat,
Des titres et de l'or fuit le futile éclat.
Trop souvent les grandeurs du hasard sont l'ouvrage;
Mon héros ne doit rien qu'à son propre courage.
D'un œil tranquille, armé de généreux dédains,
Il voit l'ambition des vulgaires humains.
Il contemple, du haut de sa fière pensée,
Les agitations de leur foule insensée.

Méprisant le vain bruit dont ils sont enchantés,
Il ne convoite pas les rangs, les dignités,
Et sans impatience il attend la justice
Que lui doit de son roi l'équité protectrice.

CHANT SEPTIÈME.

Enfin ils contemplaient la fameuse contrée,
Par tant de conquérants en tout temps désirée,
Qu'arrosent et l'Indus au cours impétueux
Et du Gange divin le flot majestueux.
Courage, ô Portugais! La rive orientale
Vous invite à cueillir la palme triomphale.
Les voilà devant vous, avec tous leurs trésors,
Ces rivages heureux, le but de vos efforts.

Vous n'occupez qu'un point sur la face du monde,
Descendants de Lusus, mais le ciel vous seconde.
Nobles exécuteurs de ses ordres sacrés,
Ramenez au bercail les peuples égarés.
Allez, accomplissez votre sainte conquête;
Héros prédestinés, que rien ne vous arrête,
Ni l'effroi des périls, ni la contagion
Des ennemis impurs de la religion,
De ces vils novateurs, dont l'orgueil téméraire
Attaque insolemment cette divine mère.

Votre nombre est petit, mais votre cœur est fort.
Pour étendre la foi, vous affrontez la mort.

Telle est sur toi des cieux la sentence éternelle,
O peuple de Lusus, sois le peuple fidèle :
Pour prix de tes vertus, de ta soumission,
Sois de la chrétienté la grande nation.

Vois ces Germains, si fiers de leurs vastes domaines :
De leur obéissance ils ont rompu les chaînes.
Déserteurs de la foi, leur parjure troupeau
Sous un nouveau pasteur suit un sentier nouveau.
Ils volent, furieux, à d'horribles carnages
Où le sang fraternel teint leurs glaives sauvages,
Et leur bras, autrefois terrible aux Ottomans,
De nos sacrés autels sappe les fondements.
Vois le farouche Anglais (1) qui, d'un titre sublime
Affectant les honneurs, se dit roi de Solyme;
Au lieu d'armer ses mains pour la sainte cité,
Il infecte Albion de son impiété,
Et sur les Chrétiens seuls il lève son épée,
Laissant le Turc en paix dans Solyme usurpée.
Que dirai-je de toi, monarque *très-chrétien*, (2)
Que vainement l'Église invoque pour soutien?
As-tu donc oublié ce que le ciel t'ordonne,
Au nom du titre saint qui pare ta couronne?
Roi déjà si puissant entre les potentats,
Si tu prétends encore accroître tes états,
Des royaumes chrétiens respecte les frontières :
Va sur les bords du Nil déployer tes bannières.
Là, sont tes ennemis; de ton terrible fer
Là dans un saint combat doit resplendir l'éclair.
Héritier de Louis, fuis, prince magnanime,
De son ambition l'exemple illégitime.

Et toi, peuple fameux par d'immortels exploits,
Toi, qui marchas long-temps sur la tête des rois,
Peux-tu laisser éteindre au sein de l'indolence
L'antique souvenir de ta haute vaillance?
Sous le joug des tyrans tu gémis abattu.
Dans les dissensions ils usent ta vertu,
Déplorable Italie, aux délices livrée
Et des mains de tes fils sans cesse déchirée.

Êtes-vous donc issus, infortunés Chrétiens,
De l'affreuse moisson des champs béotiens?
Les enfants de l'Église, acharnés à se nuire,
N'ont-ils reçu le jour que pour s'entre-détruire?
Et cependant le Turc, paisible usurpateur,
Possède le tombeau du Dieu libérateur.
Maîtresses de Sion, les bandes infidèles
Tentent de jour en jour des conquêtes nouvelles.
Toujours uni, toujours observateur jaloux
Des lois de son Coran qui l'arme contre nous,
De succès en succès le Musulman s'avance.
Mais vous, rois sans vertu, peuples sans prévoyance,
De la division le génie infernal
Infecte vos esprits de son poison fatal,
Et, doublant vos périls, par vos fureurs profanes
Vous secondez l'effort des hordes musulmanes.
Si cette ambition qui vous rendit rivaux
Vous force à conquérir des domaines nouveaux,
De l'or que de leurs flots entraîne la vitesse
Le Pactole et l'Hermus vous offrent la richesse.
Les descendants d'Assur, les peuples de Crésus
Mêlent l'éclat de l'or à leurs brillants tissus.

L'opulente Lybie en son sein le recèle.
Allez le disputer au barbare infidèle,
Si pour vous animer, pour armer votre bras,
De votre sainte loi l'amour ne suffit pas.
Ces instruments de mort, ces foudres que naguère
Vous apprit à lancer le démon de la guerre,
Qu'ils tonnent sur Byzance et sur les Osmanlis
Qui souillent des Césars les honneurs avilis.
Dans les monts Caspiens, dans les forêts scythiques
Renvoyez, refoulez ces brigands despotiques,
Qui, sur les tours d'Hellé plantant leurs étendards,
Menacent de l'Europe et le culte et les arts.

La Grèce dans les fers, la Thrace, l'Arménie
Implorent vos secours contre la tyrannie
Qui, par un dur tribut, cruellement soumet
Leurs enfants malheureux au joug de Mahomet.
Vengez l'humanité de cette horrible outrage;
Ce rôle généreux sied à votre courage,
Et non l'indigne honneur d'abattre sous vos coups
Des frères dans la foi, des Chrétiens comme vous.

Tandis que de leur sang, ô peuples parricides,
Vous rougissez vos mains et vos glaives avides,
Voyez des Portugais la faible nation
Par de pieux exploits éterniser son nom.
Elle a conquis les ports de la rive africaine;
Elle a rangé l'Indus sous sa loi souveraine;
Les champs du Nouveau-Monde à ses heureux colons
S'empressent de céder les fruits de leurs sillons;
Montrez à ces héros que nul péril n'arrête
Un autre monde encore; il sera leur conquête. (3)

La tempête avait fui. Désarmés par Vénus,
Les vents poussaient Gama vers les bords inconnus
Qui venaient d'apparaître à sa vue étonnée.
Ses pas allaient fouler la terre fortunée
Qui devait recevoir de ses nobles vainqueurs
Et de nouveaux autels et de nouvelles mœurs.
Sur toutes les cités de ce rivage immense,
L'illustre Calicut a la prééminence.
Suprême suzerain des princes d'alentour,
Dans ses murs révérés un grand roi tient sa cour.
Il est une contrée, en richesses féconde,
Que l'Indus et le Gange arrosent de leur onde ;
Au nord, par l'Imaüs couronné de frimats,
Au sud, par l'Océan sont bornés ses états.
Sous vingt sceptres divers ses habitants s'inclinent.
Ici, de Mahomet les préceptes dominent ;
Là, le bronze et l'airain, simulacres menteurs,
Ailleurs la brute même, ont des adorateurs.
De ces monts sourcilleux, qui dans l'Asie entière
De leurs mille sommets poussent la chaîne altière,
Roulent vers l'Océan les deux fleuves fameux
Dont cette région boit les flots écumeux.
Dans leur embrassement, en Chersonèse immense,
L'Inde au loin se déploie et vers les mers s'avance,
En large promontoire envahit l'Océan,
Et dans ses flots s'arrête à l'aspect de Ceylan.

Que de peuples divers couvrent ces beaux rivages !
Quelle variété de mœurs et de langages !
Aux lieux où naît le Gange, on rencontre d'abord,
Si de l'antiquité nous croyons le rapport,

Ces mortels fortunés, race innocente et pure,
Dont le parfum des fleurs était la nourriture.
Plus loin, la région des Dehlis, des Patans
Etale avec orgueil ses nombreux habitants;
Puis, les Décaniens, les peuples de Golconde;
La terre du Bengale, Eden nouveau du monde;
Et celle de Cambaie où Porus autrefois
Du vainqueur des Persans balança les exploits,
Et Narzingue plus riche en or, en pierreries,
Qu'en âmes aux combats noblement aguerries;
Et, des monts Gatiens s'étendant vers les mers,
Les champs du Malabar de cent villes couverts.
De ces monts protecteurs la superbe ceinture
Contre le Canara le défend et l'assure,
Avec tous ces remparts que soumet à son frein
Calicut, la cité du puissant Zamorin.

Les Portugais à peine ont touché cette plage,
Au monarque indien par un soudain message
L'amiral fait savoir qu'au monde oriental
Vient s'unir de Lusus le peuple occidental.
Le messager, montant une barque légère,
Pénètre dans la ville, où sa mise étrangère,
Son air, son appareil nouveau pour tous les yeux
Assemblent sur ses pas un peuple curieux.
Dans la foule empressée et de spectacle avide
Etait un Musulman (son nom est Monzaïde),
Né dans la région qui d'Antée autrefois
Subit en gémissant les rigoureuses lois.
Dans les combats ce fils de la Mauritanie
A connu les guerriers de la Lusitanie.

La fortune lui fait au bout de l'univers
Retrouver ces héros dominateurs des mers.

Le Maure, en souriant et d'un air d'allégresse,
En langage espagnol au messager s'adresse :
« Quel motif, lui dit-il, si loin de leurs foyers
De la Lusitanie a conduit les guerriers? »
Le Portugais répond : « Ces guerriers magnanimes
D'une mer inconnue ont bravé les abîmes,
Pour venir présenter à ce monde nouveau
De notre sainte foi le céleste flambeau. »

Monzaïde, au récit d'un si lointain voyage,
Des Lusitaniens admire le courage,
De leurs rudes travaux le long enchaînement
Et leurs efforts vainqueurs du terrible élément.
Il dit à l'envoyé : « Non loin de cette ville
Est du grand Zamorin le royal domicile.
Bientôt la renommée ira jusques à lui
Annoncer les héros qu'il reçoit aujourd'hui.
En attendant, viens prendre en mon modeste asyle
Un aliment sans doute à tes forces utile.
Puis, tu me conduiras près de ton amiral,
Près de tes compagnons, honneur du Portugal.
Il est doux de revoir sur la terre étrangère
Des voisins qu'on estime, un héros qu'on révère. »

Le Portugais accepte avec empressement
Ce que son nouvel hôte offre courtoisement,
Et, comme vieux amis qu'un doux hasard rassemble,
A la table du Maure ils vont s'asseoir ensemble.

Alors qu'est terminé leur fraternel repas,
Vers les vaisseaux chrétiens ils dirigent leurs pas,
Et tous les matelots accueillent avec joie
L'étranger bienveillant que le ciel leur envoie.
Gama, ravi d'entendre aux rives de l'Indus
Du langage espagnol les sons inattendus,
Embrasse Monzaïde et, l'embrassant encore,
D'une place d'élite à ses côtés l'honore,
Lui demande quels sont les usages divers,
Et les mœurs et les lois de cet autre univers.
L'équipage lui prête une oreille attentive.
Quand Orphée autrefois sur sa lyre plaintive
Soupirait ses amours, tels les arbres émus
S'inclinaient pour l'entendre au sommet de l'Hémus.

« Généreux étrangers, dit alors Monzaïde,
Dieu sans doute inspirait votre cœur intrépide,
Lorsque, pour découvrir ces royaumes lointains,
Vos nefs à l'Océan commirent leurs destins,
Et prirent leur élan vers ces riches contrées
Par des routes encore en Europe ignorées.
Oui, Dieu même vous guide, illustres Portugais,
Et sans doute sur vous il a de grands projets,
Puisque contre les flots, les vents et les tempêtes
Son secours manifeste a protégé vos têtes.

« L'Inde est devant vos yeux, l'Inde, pays vanté
Pour sa magnificence et sa fécondité,
Pays des doux parfums et des épiceries,
Et non moins riche en or, en fines pierreries.
On nomme Malabar la province où les eaux,
D'accord avec le ciel, ont poussé vos vaisseaux ;

Son culte est idolâtre et sa loi monarchique ;
Son peuple fut jadis sujet d'un sceptre unique ;
Mais, dernier possesseur de cette royauté,
Sarama-Périmal en rompit l'unité.
Sous lui, des étrangers venus de l'Arabie,
Voulant du Malabar changer le culte impie,
Prêchèrent en ces lieux les dogmes du Coran ;
(Ces dogmes sont les miens, je suis né Musulman.)
Le monarque, touché de la sainte éloquence
Dont ces sages docteurs appuyaient leur croyance,
Résolut d'abdiquer sa couronne de roi
Pour servir le prophète et mourir dans sa foi.
Il charge plusieurs nefs de présents qu'il destine
Au tombeau glorieux du Voyant de Médine.
Mais, avant de partir, étant sans héritiers,
Ils veut récompenser ses plus braves guerriers,
Et, partageant entre eux ses superbes domaines,
Les remet en leurs mains désormais souveraines.
Il leur donne Cochin, Coulan et Cananor,
Et l'île du Piment, et Chaul et Cranganor.
Restait de Calicut à désigner le maître,
Lorsque devant ses yeux Périmal voit paraître
Un jeune homme qu'il aime entre ses favoris :
« Tu régneras, dit-il, sur ces murs, ô mon fils,
« Et les autres cités qu'à ces guerriers je donne
« Rendront de race en race hommage à ta couronne. »
Puis, le vieillard, fuyant le tumulte des cours,
Alla dans la retraite ensevelir ses jours.
Du nom des Zamorins son successeur fut digne ;
Ses descendants encor portent ce titre insigne,
Et, comme en abdiquant Périmal l'a voulu,
Conservent sur ces bords un pouvoir absolu.

D'antiques fictions, fables héréditaires,
De ces peuples grossiers composent les mystères.
Sous le brûlant soleil de leur beau firmament,
Une écharpe légère est leur seul vêtement.
On distingue chez eux deux castes différentes,
Les nobles ou *Naïrs*, tribus prépondérantes,
Les humbles *Poléas*, aux travaux condamnés.
Avec la caste noble à ces infortunés
L'inexorable loi défend toute alliance.
Un opprobre éternel avilit leur naissance.
Ils ne peuvent choisir d'épouse qu'en leurs rangs,
Et leurs fils sont voués au sort de leurs parents.
Le superbe Naïr, ainsi qu'une souillure,
Évite leur contact et leur présence impure :
Tels les Juifs, à l'aspect du vil Samaritain,
S'enfuyaient pénétrés d'horreur et de dédain.
Les Naïrs bravent seuls les périls de la guerre,
Et, tenant d'une main leur large cimeterre,
De l'autre un bouclier, leur vaillance et leur foi
Protège la couronne et les jours de leur roi.
Aux Brames qu'environne un respect séculaire
Appartient des autels le culte héréditaire.
Ils suivent les leçons du sage de Samos ;
Ils n'ont jamais versé le sang des animaux,
Et leur sein ne pourrait sans frémir d'épouvante
Engloutir les lambeaux d'une bête vivante.
Mais avec moins d'effroi leurs cœurs voluptueux
Se livrent à l'amour et brûlent de ses feux.
L'hymen aussi, l'hymen, chez ce peuple facile,
Au frein de la constance est sans crainte indocile :
Heureuse nation, dont la simplicité
Bannit la jalousie et la rivalité !

Illustres Portugais, des peuples malabares
Tels sont en abrégé les usages bizarres.
De leurs mœurs, toutefois, la singularité
Les distingue encor moins que leur habileté
A grossir leurs trésors des richesses du monde;
Et, de la Chine aux lieux que le grand Nil féconde,
Ils savent rassembler, avides commerçants,
Et l'Afrique et l'Asie en leurs ports florissants. » (4)

Ainsi parlait le Maure, et par la renommée
Du grand événement la nouvelle semée
Est déjà parvenue au puissant Zamorin.
Auprès des Portugais il députe soudain
Son premier conseiller, qui, d'une foule immense
Fendant les flots pressés, vers la plage s'avance.
Le Catual (tel est son titre révéré)
S'arrête au bord des eaux, de Naïrs entouré.
Cependant l'amiral, en brillant équipage,
Dans un léger esquif voguait vers le rivage;
La rame, à coup égaux, frappait les flots amers.
L'Indien, qui l'attend, l'œil fixé sur les mers,
Le reçoit dans ses bras parmi les cris de joie
Qu'à l'aspect du héros la foule au ciel envoie;
Puis, sur un palanquin par ses gardes porté
Il le place, et le suit, dans un autre monté.
Au palais où l'attend le monarque barbare
Ainsi Vasco s'avance avec le Malabare.
Les guerriers portugais défilent sur leurs pas :
Le riche habillement de ces braves soldats
Et la mâle fierté dans leurs regards tracée
Emerveillent la foule autour d'eux amassée.

En vain sur leur voyage, en son empressement,
Elle les interroge; et non moins vainement
Leurs accents étrangers à ses accents répondent :
Comme aux temps de Babel, leurs langues se confondent.
Mais, grâce à Monzaïde, avec le Catual
Sur d'importants sujets s'entretient l'amiral.
Bientôt devant leurs yeux un temple se présente,
Elevant dans les airs sa structure imposante.
D'informes déités, simulacres affreux,
Noires inventions de l'esprit ténébreux,
Peuplent son redoutable et sombre sanctuaire.
Telle était autrefois la terrible Chimère
Que de Bellérophon terrassa la valeur.
Les Chrétiens sont frappés d'une pieuse horreur
Au sacrilége aspect des hideuses figures
Que du temple idolâtre étalent les sculptures.
L'un de ces dieux, au front de cornes entouré,
Retrace Jupiter en Lybie adoré;
De l'antique Janus représentant l'image,
L'autre sur un seul corps porte un double visage;
Celui-ci semble avoir, pour d'immenses combats,
Du géant Briarée emprunté les cent bras;
Et celui-là ressemble à l'aboyante idole
Qu'encensa de Memphis la religion folle.
Lorsque le Catual eut offert à ces dieux
D'un stupide respect le tribut odieux,
Le cortége reprend sa marche solennelle.
La foule devant lui grossit toujours nouvelle.
Hommes, femmes, enfants, jeunes gens et vieillards
Fixent sur le héros leurs avides regards.

On arrive au palais élégant et splendide
Où, dans sa majesté, le Zamorin réside.
L'édifice n'a point les tours et les créneaux
Dont l'Europe guerrière entoure ses châteaux,
Mais de vastes jardins et de riants bocages
Environnent ses murs de leurs épais ombrages.
Ainsi sont réunis en ce brillant séjour
Les délices des champs, le luxe de la cour.
Un Dédale nouveau sculpta sous les portiques
De l'empire indien les annales antiques.
D'un art si merveilleux aux regards enchantés
Leurs plus célèbres traits y sont représentés,
Cet art si savamment imita la nature,
Qu'on croit la voir vivante animer la sculpture.

Aux plaines que l'Hydaspe arrose de ses eaux
Une vaillante armée arbore ses drapeaux.
Son chef est un héros dans la fleur du jeune âge;
Il est armé du thyrse au verdoyant feuillage.
Les remparts de Nysa s'élèvent à sa voix.
Sous le ciseau divin qui traça ses exploits
Il respire, et (de l'art ô triomphe suprême!)
Sémélé, le voyant, s'écrierait : C'est lui-même!

Plus loin, Sémiramis entraîne sur ses pas
De soldats chaldéens un innombrable amas.
L'eau d'un fleuve profond par leur soif est tarie.
Impudique beauté, la reine d'Assyrie
D'un monstrueux désir sent les coupables feux.
A ses côtés s'avance un palefroi fougueux,
Objet de son ardeur abominable, impure,
Dont s'indigne l'amour, dont frémit la nature.

D'un conquérant nouveau le Gange épouvanté
Voit flotter sur ses bords l'étendard redouté;
De ce jeune vainqueur la vaillance rapide
Guide les légions de la Grèce intrépide;
Et, partout triomphant, son invincible fer
Annonce aux nations le fils de Jupiter.

Tandis que les guerriers contemplent ces prodiges
Que d'un savant ciseau retracent les prestiges,
Le Catual disait au héros lusitain :
« Le temps vient où, parti d'un rivage lointain,
Un peuple, surpassant les victoires antiques,
Des tableaux de sa gloire emplira ces portiques :
Ainsi, de l'avenir interprètes sacrés,
L'annoncent nos docteurs, nos mages révérés.
Ces étrangers, armés de force et de vaillance,
Sur nos riches climats étendront leur puissance.
Nos légions contre eux feraient un vain effort.
Que peut l'homme, en effet, contre l'arrêt du sort?
Mais ils seront si grands dans la paix, dans la guerre
Et d'un éclat si vif éblouiront la terre,
Que l'Inde encor pourra, s'honorant de ses fers,
Avouer sa défaite aux yeux de l'univers. »

Cependant le cortége est entré dans la salle
Où siége dans sa pompe auguste, impériale,
Sur un riche divan le noble Zamorin.
Son front majestueux annonce un souverain :
Le feu des diamants brille en sa chevelure
Et l'or pur étincelle autour de sa ceinture.
A genoux près du trône, au monarque charmé
Un vieillard présentait le bétel parfumé.

Au siége somptueux que le roi lui destine
L'amiral est conduit par un grave bramine.
Les traits des étrangers, leur maintien belliqueux
Fixaient du Zamorin les regards curieux,
Quand, d'un ton noble et doux, d'un air de modestie
Qui des cœurs tout d'abord gagne la sympathie,
Gama parle en ces mots : « Des lieux où chez Téthys
Le soleil va plongeant ses rayons amortis,
Et, répandant ses feux sur un autre hémisphère,
Prive de son flambeau la moitié de la terre,
Un roi, dont l'occident révère la grandeur,
De ton empire aussi connaissant la splendeur,
M'envoie en ces climats, ô prince magnanime,
T'offrir son alliance et sa royale estime.
Des plaines où le Tage épand ses grandes eaux
Jusqu'aux bords qu'enrichit le Nil aux sept canaux,
De la froide Zélande à l'ardente contrée
Où les jours en tout temps sont d'égale durée,
Son peuple industrieux attire dans ses ports
De mille nations les nefs et les trésors.
Serrant l'utile nœud d'une sûre alliance,
De vos heureux états échangez l'abondance.
Ensemble unissez-les par les sages rapports
D'un commerce fondé sur de justes accords ;
Ouvrez-leur de richesse une source nouvelle,
Et vous en recevrez une gloire immortelle.
Dès que pour allié tu compteras mon roi,
Ses armes, ses soldats, ses vaisseaux sont à toi ;
Il te prête un appui généreux et sincère ;
Ton peuple est sa famille, et tu deviens son frère.

Voilà ses sentiments. Veux-tu les partager ? »

Le Zamorin répond : « Valeureux étranger,
D'un peuple si lointain l'ambassade m'honore;
J'ai besoin, toutefois, de mieux connaître encore
Ce peuple et le pays qui t'a donné le jour.
Je vais interroger mon conseil et ma cour.
Tu peux, en attendant, prendre sur ce rivage
Le repos nécessaire après un tel voyage.
Tu recevras bientôt ma réponse, et ton roi
Sans doute n'aura pas à se plaindre de moi. »

Cependant de la nuit les ombres tutélaires,
Des malheureux humains suspendant les misères,
A leurs yeux que Morphée invite au doux repos
Du sommeil bienfaisant apportaient les pavots.
Du ministre indien la demeure splendide,
Offre aux fils de Lusus, à leur chef intrépide
Une hospitalité digne du Zamorin.
Le Catual préside à ce brillant festin.
Mais, des lois de son prince exécuteur fidèle,
A peine les rayons de l'aurore nouvelle
Annoncent que Phœbus va commencer son tour,
Il mande Monzaïde : « Apprends-moi sans détour
Quels sont ces étrangers ; tu dois bien les connaître,
Si leur pays confine aux lieux qui t'ont vu naître.
Avant de s'allier à ce peuple lointain,
Le Zamorin encor délibère incertain.
Fixant par tes avis son âme qui balance,
Mérite sa faveur et sa reconnaissance. »
« — Oui, ce peuple est voisin de mon pays natal
Et des mers où du jour se plonge le fanal.

Ces mortels sont nourris dans la loi d'un prophète
Qu'ils disent du Très-Haut le fils et l'interprète,
Et qu'un souffle céleste engendra dans le sein
D'une vierge que Dieu bénit pour ce dessein.
Ils n'ont point de rivaux sur les champs de batailles.
Dans nos remparts sanglants semant les funérailles,
Ils ont par nos revers en cent et cent combats
Montré ce que pouvait la force de leurs bras.
Par ses heureux efforts leur valeur plus qu'humaine
De la Guadiana nous ravit le domaine.
Si le Tage a cessé de couler sous nos lois,
C'est l'effet trop certain de leurs fameux exploits.
La mer entre eux et nous n'est plus une barrière;
Et, jusque dans l'Afrique arborant leur bannière,
Ils ont porté l'effroi dans ses champs dévastés
Et renversé les tours des plus fières cités.
Leurs armes du succès en tout temps couronnées
Partout ont triomphé, du Tage aux Pyrénées;
Et jamais vainement ils n'ont croisé le fer,
Quelque fût le combat à leur vaillance offert.
Jamais un Marcellus au sentier de la gloire
N'a de leurs Annibals arrêté la victoire.
Mais si tu veux connaître, en ministre prudent,
Mieux encor que par moi ces fils de l'occident,
Va les interroger; de ces mortels sincères
Tu sauras les détails à ton roi nécessaires.
Va voir et viens après dépeindre au Zamorin
Leurs armes, leurs vaisseaux, leurs tonnerres d'airain.
Connais aussi, connais leur noble courtoisie;
Et tu pourras redire aux peuples de l'Asie :
« Fameux dans les combats, le guerrier portugais
N'est pas moins renommé, moins brillant dans la paix. »

L'idolâtre, excité par les discours du Maure,
Sur un rapide esquif, dès la seconde aurore,
Part avec Monzaïde, et vingt légers bateaux,
Chargés de ses Naïrs, le suivent sur les eaux.
Du vaillant amiral le superbe navire
Le reçoit à son bord. Le Catual admire
Ses riches pavillons aux longs replis flottants,
Ses étendards de soie et de poupre éclatants.
On a représenté sur ces nobles bannières
Des héros portugais les prouesses guerrières,
Des défis, des tournois, des joûtes en champ clos.
L'Indien, l'œil fixé sur ces brillants tableaux,
Demande le récit des grandes aventures
Qu'à ses regards surpris étalent ces peintures.
Mais au banquet déjà prêt pour le recevoir
L'amiral empressé le convie à s'asseoir.
Des mets les plus exquis les tables étincellent,
Et les vins à longs flots dans les coupes ruissellent.
D'un épicurien ce festin délicat
Aurait charmé les yeux, le goût et l'odorat;
Mais l'Indien regarde avec indifférence
Tous ces mets dont Brama lui prescrit l'abstinence.

Cependant des clairons les belliqueux accents
Dans les airs ébranlés roulaient retentissants ;
Le salpêtre enflammé dans le bronze qui gronde
De ses explosions troublait la mer profonde.
Mais toujours l'idolâtre a l'esprit occupé
Des tableaux qui d'abord en entrant l'ont frappé
Et des faits éclatants qu'à son âme saisie
Exprimé leur muette et riche poésie.

Il se lève, et contemple entre tous ces portraits
D'un auguste vieillard les vénérables traits,
Le nom de ce héros grandira d'âge en âge.
Dans ses mains est un sceptre entouré de feuillage...
Mais que fais-je, insensé? Quel délire est le mien?
Nymphes du Mondégo, mon amour, mon soutien,
Sans vous, sans votre aveu, mon imprudence altière
Ose-t-elle tenter cette illustre carrière?
O nymphes, j'ai lancé sur les flots orageux
De mon fragile esquif l'essor aventureux !
Venez à mon secours; sauvez-moi du naufrage.
Mes accents, consacrés à la gloire du Tage,
Vous le savez, hélas ! n'ont trouvé de tout temps
Que lâche indifférence ou mépris insultants.
De périls en périls traîné par la fortune,
Affrontant les fureurs de Mars ou de Neptune,
Incessamment je lutte, et chante les combats,
Et, comme Canacée à l'heure du trépas, (5)
Dans une main la plume et dans l'autre l'épée,
Je déplore ma vie en ses projets trompée.
Mon front avant le temps par le malheur flétri
A la seule pitié dut souvent un abri ;
Et, quand parfois le sort me sembla plus propice,
Ce fut pour me creuser un nouveau précipice.
Sur un lit de douleur par mes maux étendu,
Longtemps j'ai vu sur moi le trépas suspendu,
Et, comme Ezéchias, navré par la souffrance,
A la main du Seigneur j'ai dû ma délivrance.
Pour combler mes malheurs, vous en deviez, hélas !
Être les artisans, concitoyens ingrats !
De ceux que j'ai chantés mes douleurs sont l'ouvrage.
Quel prix de mes accents ! quel prix de mon courage!

Au lieu de ces lauriers, au lieu de ces honneurs
Que je devais attendre après tant de labeurs,
Je n'ai trouvé que haine, insulte, ignominie.
Voilà donc les enfants de la Lusitanie !
Voilà quelle couronne ils réservent aux vers
Qui du bruit de leur nom vont remplir l'univers !
Quel encouragement pour les esprits sublimes
Qui, chantant des héros les exploits magnanimes,
Voudraient des actions dignes de souvenir
Faire passer la gloire aux siècles à venir !
Nymphes du Mondégo, soyez donc mon égide ;
Que votre douce voix me console et me guide.
Ne m'abandonnez pas au moment où je vais
Célébrer la valeur de nos vieux Portugais.
J'ai juré que jamais la vile flatterie
Ne souillerait mes chants voués à ma patrie.
Honte et malheur à moi, si j'enfreins mon serment !
Non, non, ne croyez pas, Muses, qu'indignement
J'aille prostituer ma noble et sainte lyre
A ces lâches mortels que l'égoïsme inspire,
Et qui, pour l'intérêt dont ils suivent la loi,
Trahiraient sans pudeur et l'état et le roi ;
A cet ambitieux des grands emplois avide,
Pour que ses passions s'y déchaînent sans bride ;
Au subtil courtisan, Protée astucieux,
Qui prend tous les aspects pour tromper tous les yeux ;
Au conseiller perfide, infâme, sacrilége,
Qui d'un air de vertu voilant son vil manége,
Déprave un jeune prince et d'une nation
Prodigue la dépouille à sa corruption.
Je ne chanterai par le magistrat injuste
Qui, dégradant l'honneur d'un ministère auguste,

Fait pencher sa balance en faveur du puissant
Et foule aux pieds les droits du pauvre gémissant.
Je ne chanterai pas le ministre barbare
Qui, du peuple opprimé spoliateur avare
Et toujours l'écrasant de subsides nouveaux,
Dévore sans pitié le fruit de ses travaux.
Mais je vous chanterai, héros de la patrie,
Qui pour Dieu, pour le roi, donnâtes votre vie,
Et dont un beau trépas rend les noms immortels :
Je consacre à vous seuls mes accents solennels.
De ma lyre un moment je suspends l'harmonie ;
Mais, ô filles du ciel, ô vierges d'Aonie,
Vous allez, rallumant ma flamme et mes transports,
M'inspirer vos plus fiers, vos plus brillants accords.

CHANT HUITIÈME

Le Catual restait l'œil fixé sur l'image
Du vieillard dont le sceptre est orné de feuillage.
« Quel est ce vieux guerrier, dit-il, qui dans sa main
Porte avec ce rameau ce sceptre souverain? »
Paul de Gama, qu'anime un orgueil héroïque,
Lui répond en ces mots que Monzaïde explique : (1)
« Tu vois dans ces portraits revivre nos aïeux ;
Mais leurs faits éclatants les peignent encor mieux.
Ce guerrier, c'est Lusus, dont le puissant génie
A fondé les grandeurs de la Lusitanie.
Compagnon de Bacchus, après avoir longtemps
Suivi ses étendards en tous lieux triomphants,
De conquête en conquête il vint dans l'Hespérie ;
Elle fut désormais son séjour, sa patrie.
Le Tage, qui serpente en de fertiles champs,
Et le riant Douro plurent à ses vieux ans ;
Il voulut qu'en ces lieux son illustre poussière
Reposât, quand la mort aurait clos sa paupière.
Au rameau verdoyant qu'il porte dans sa main
On reconnaît en lui le fils du dieu du vin.

Vois cet autre héros que, dans son long voyage,
Le sort aussi guida vers les rives du Tage ;

Qui, fondant sur ses bords des remparts immortels,
A la sage Minerve y dressa des autels ;
C'est Ulysse ; la gloire en tous lieux le couronne,
Destructeur d'Ilion, fondateur de Lisbonne.
— Mais quel est ce guerrier terrible et menaçant,
Qui s'élance au travers du carnage et du sang,
Ecrase sous ses coups des légions entières
Et foule ces drapeaux chargés d'aigles altières ?
— C'est le grand Viriathe : il fut jadis pasteur ;
Mais, plus propre à la guerre, invincible vainqueur,
Il cueillit de lauriers une moisson féconde
Et confondit l'orgueil des conquérants du monde ;
Ces Romains, que Pyrrhus trouva plus généreux,
Vengèrent leurs revers par un forfait affreux :
Du héros redouté qui bravait leur puissance
Le fer des assassins termina l'existence.

Voilà Sertorius, ce proscrit indompté,
Qui chercha parmi nous vengeance et liberté.
Regarde auprès de lui la biche prophétique
Dont ce guerrier fameux aida sa politique.
Vois-le dans cent combats de gloire revêtu
Et l'étendard de Rome à ses pieds abattu.

Tourne ici tes regards ; vois sur cette bannière
Des rois du Portugal le modèle et le père.
C'est le noble Henri qui, par mille beaux faits
Ayant frappé d'effroi Maures et Léonais,
Alla sanctifier sa gloire en Palestine.
Et de nos souverains consacrer l'origine.
— Quel est, dit l'Indien, ce prince valeureux
Que je vois, entouré d'un camp si peu nombreux,

A ses fiers ennemis livrer tant de batailles,
Des plus fortes cités ébranler les murailles,
Joncher au loin le sol d'étendards mutilés
Et de sceptres tombant sous ses coups redoublés?
— C'est le fils de Henri, c'est l'intrépide Alphonse;
Partout en conquérant la victoire l'annonce,
Et les Maures, par lui chassés du Portugal,
Attestent que son nom ne craint pas de rival.
Il fut choisi de Dieu pour dompter l'infidèle,
Et fonder à jamais notre gloire immortelle.
Qu'Alexandre ou César contre tant de soldats
D'une si faible armée eussent guidé les pas,
Peut-être il est douteux qu'au temple de mémoire
Leur nom fût près du sien gravé par la victoire.

Voilà quels sont nos rois. Quels furent leur vassaux,
Si tu veux le savoir, contemple ces tableaux.
Regarde Égas-Moniz. L'œil ardent de colère,
Ici du jeune roi, qu'il chérit comme un père,
Il ramène au combat les soldats incertains
Et rejette le trouble au cœur des Sarrazins.
Là, de Guimaraëns remplissant la promesse,
Avec ses chers enfants, espoir de sa vieillesse,
Avec sa noble épouse, il vient s'offrir aux coups
Que du roi castillan leur garde le courroux.
Ayant, par un traité que son prince viole,
Au prince de Castille engagé sa parole,
Il veut sacrifier, pour dégager sa foi,
Et sa femme et ses fils et lui-même à son roi. [2]
Vois cet autre guerrier qui d'une citadelle
Prête à céder aux coups d'un monarque infidèle

Par un subit effort délivre les remparts :
Héroïque entreprise, exploit digne de Mars !
C'est le grand dom Fuas ; plus intrépide encore,
Il poursuit sur les flots les galères du Maure,
Et du mont Abyla le sommet sourcilleux
De leur embrâsement reflète au loin les feux.
Mais le héros, frappé d'une atteinte funeste,
Heureux de succomber pour la cause céleste,
Tombe dans son triomphe, et son âme à l'instant
S'envole vers les cieux où la palme l'attend.

Vois ces guerriers couverts d'armures étrangères,
De notre premier roi vaillants auxiliaires,
Qui, de la Germanie invincibles enfants,
Dans Lisbonne ont planté leurs drapeaux triomphants :
De son sang généreux arrosant sa conquête,
Le valeureux Henri marche et meurt à leur tête ;
Né de ce noble sang, un palmier merveilleux
Ombrage du martyr le tombeau glorieux.
Vois ce prêtre-soldat : sa foudroyante épée,
Vengeant Leïria par le Maure usurpée,
A porté la terreur dans les murs d'Arronchès ;
C'est Theotonio. Plus loin, les Portugais
Pressent de Santarem la forte citadelle.
Un chevalier, jaloux d'une palme immortelle,
S'élançant aux créneaux de l'antique rempart,
Y plante le premier le royal étendard.
Objet pour tous les preux de noble jalousie,
Il poursuit ses exploits aux champs d'Andalousie ;
L'étendard de Séville, entre tous signalé,
Sous ses coups abattu, dans la poudre a roulé.

Ce brave est Mem-Moniz, dont la valeur rappelle
Celle du noble Égaz, son père et son modèle.
Il mérite entre tous un rang dans ces tableaux,
Celui qui de l'Arabe enleva les drapeaux
Et qui toujours du sien put montrer à la terre
Dans tout son pur éclat l'honneur héréditaire.

Giraldo, dont le nom d'âge en âge vivra,
Deux têtes à la main, des portes d'Évora
Descend; il a surpris et massacré dans l'ombre
Deux gardes qui veillaient près du mur haut et sombre.
A cet insigne trait d'audace et de valeur
Il a dû le surnom de Giraldo Sans-Peur.
La cité que livra son bras à nos épées
Porte en son écusson ces deux têtes coupées.

Vois-tu ce Castillan qui, banni par son roi,
Se joint aux ennemis de notre sainte foi?
Guidant de Musulmans une troupe sauvage,
Au loin chez les Chrétiens il porte le ravage;
La terreur l'introduit aux remparts d'Abrantès;
Mais bientôt il les rend au fier Martin Lopez,
Et, tombé sous ses coups, dans les fers il expie
Les coupables fureurs de sa vengeance impie.

Admire les exploits de ce prélat guerrier,
Déposant l'anneau d'or pour la lance d'acier.
Il accepte et soutient d'une ardeur héroïque
Le combat présenté par les fils de l'Afrique.
Ce signe qui rayonne aux cieux étincelants
A soudain ranimé ses soldats chancelants;

Vois tomber quatre rois sous leur glaive homicide,
Ou plutôt sous les coups du Très-Haut qui les guide.
Le prix de ce triomphe est la grande Alcacer.
Ses vaillants défenseurs et ses remparts de fer
Ne peuvent résister au prélat de Lisbonne
Et d'immortels lauriers la gloire le couronne.

Du vaillant Corréa contemple les hauts faits,
Digne sujet d'orgueil pour tous les Portugais.
Compte de ce héros les nobles entreprises,
Les Algarves, et Sylve et Tavira conquises,
Et ne t'étonne pas que ces illustres coups
Dans l'univers entier lui fassent des jaloux.
Nous devons nous garder de passer sous silence
Ces trois guerriers fameux par leurs grands coups de lance,
Que la France et l'Espagne, admirant leurs exploits,
Virent partout cueillir la palme des tournois.
Une joûte éclatante en Castille s'apprête;
Ils volent, pleins d'ardeur, à cette illustre fête
Et, dans ses jeux guerriers signalant leur vigueur,
Font à plus d'un rival sentir un fer vainqueur.
De Ribeiro surtout la bravoure étincelle;
Son bras est invaincu, sa gloire est immortelle.

Il mérite encor plus son immortalité,
Cet Alvarès-Nuno, dont l'intrépidité,
Au fort de nos périls rassurant la patrie,
De nos fiers ennemis confondit la furie.
Quelle sainte colère enflamme ses regards,
Quand, du peuple incertain gourmandant les retards,
Il ranime, aux accents de sa mâle éloquence,
L'amour sacré du prince et de l'indépendance!

CHANT VIII.

Le Seigneur le protége et seconde son bras;
Sous lui les Portugais s'élancent aux combats,
Et leur camp peu nombreux, mais plein de confiance,
Détruit des Castillans la multitude immense.
Alvarès déjà vole à des exploits nouveaux;
Les champs que le Bétis arrose de ses eaux
Bientôt ont vu tomber sur ses rives sanglantes
Des soldats musulmans les hordes insolentes.
Mais le héros à Dieu veut consacrer ses jours;
De ses combats fameux il a borné le cours;
Tandis que dans le cloître Alvarès se confine,
Le Portugal vaincu penche vers sa ruine :
Alors du saint guerrier les anciens compagnons :
« Venez, lui disent-ils; sans vous nous périssons;
« Vous êtes notre espoir; marchez à notre tête,
« Et qu'à votre nom seul le Castillan s'arrête. »
Alvarès leur répond : « Dieu seul est votre appui;
« Portugais, ne croyez et n'espérez qu'en lui.
« C'est lui qui vous rendra votre gloire première.
« Je vais pour vous au ciel poursuivre ma prière. » [3]
De quel titre nommer ce héros qui des cieux
Tirait avec la foi ce courage pieux?
Du nom de Scipion qu'importe qu'on l'honore?
Le nom seul d'Alvarès est plus illustre encore.
Heureux, cent fois heureux le jour qui d'un tel fils
Ou plutôt d'un tel père a doté mon pays!
Tant que Phœbus luira dans sa course prescrite
Sur les champs de Cérès et les champs d'Amphitrite,
Du joug des Castillans le Portugal sauvé
Bénira le héros qui l'en a préservé.
Dans cette même guerre un autre capitaine
Signale avec éclat sa valeur plus qu'humaine;

C'est le fier Landroal ; il a saisi le fer
Pour mettre en liberté son ami le plus cher,
Qui, du fond d'un cachot où languit sa vaillance,
Contre les Castillans lui demande vengeance.
Il combat, il triomphe, et d'un sang odieux
Les flots ont abreuvé son fer victorieux.
Là, de Fernand d'Elvas la main sûre et hardie
D'un lâche Portugais punit la perfidie.
Implacable vengeur de la déloyauté
Dont l'insolence insulte à la fidélité,
Dans les champs de Xerès il porte le carnage.
Vois, aux lieux où Téthys reçoit les flots du Tage,
Pereira, cet illustre et vaillant amiral,
Qui sauve, en périssant, les nefs du Portugal.
Ici, dix-sept enfants de ma noble patrie
Signalent leur bravoure aux dangers aguerrie ;
Quatre cents Castillans dans un cercle d'airain
Vont les envelopper ; mais, le fer à la main,
Cette élite héroïque, au combat animée,
Vole et s'ouvre un passage à travers cette armée.
Ainsi l'antiquité vit trois cents Lusitains
Combattre heureusement contre mille Romains,
Au temps où Viriathe à ces vainqueurs du monde
Opposait son audace en miracles féconde.
Leurs braves descendants sur leurs pas ont marché.
Toujours le Portugais, à la gloire attaché,
Sut de l'antique honneur accroître l'héritage,
Et jamais le péril n'effraya son courage.

Vois voler aux combats, en tous lieux triomphants,
Don Pèdre et don Henri, ces généreux infants ;

L'un du bruit de sa gloire emplit la Germanie.
De l'autre nos marins proclament le génie ;
Son bras qu'impunément jamais on n'affronta
Du titre d'invincible a dépouillé Ceuta.
Voici de Ménésès la vénérable image ;
De l'Arabie entière il a bravé la rage ;
Son fils, non moins illustre et vrai portrait de Mars,
De la grande Alcacer a sauvé les remparts.
Le ciel lui réservait un sort digne d'envie ;
Au salut de son prince il immola sa vie.
Tel fut de nos héros le courage indompté,
Et tel il vit encor dans leur postérité. » (4)

Ainsi Paul de Gama des jours de notre gloire
Disait au Catual la magnifique histoire,
Et l'Indien charmé redemandait vingt fois
Le surprenant récit de ces fameux exploits.
Mais déjà le soleil, du haut de l'empyrée,
Descendu radieux vers la mer azurée,
Allait plonger son char au flot occidental.
Alors, prenant congé du vaillant amiral,
L'idolâtre, suivi de sa fidèle escorte,
Va chercher le repos que la nuit sombre apporte.

Cependant, à la voix du Zamorin troublé,
Des mages, des devins le collége assemblé
Offrait à ses faux Dieux les sanglants sacrifices
Qu'interprète l'enfer par l'art des Aruspices.
L'avenir qu'il révèle à leurs yeux effrayés
Leur montre de l'Indus les flots humiliés
Et du Gange asservi le superbe génie
Fléchissant sous le joug de la Lusitanie.

L'Auguré avec terreur dévoile au Zamorin
Les malheurs qu'à l'Asie annonce le destin,
Et les signes affreux qu'à leurs regards présente
Des taureaux immolés la fibre menaçante.

En même temps, Bacchus, dont le courroux ardent
Voudrait anéantir les guerriers d'occident,
Va, du prophète arabe empruntant la figure,
D'un prêtre musulman durant la nuit obscure
Par un songe perfide exciter les terreurs.
Il lui souffle en ces mots sa haine et ses fureurs :
« Enfant de Mahomet, veux-tu dans ces contrées
Voir périr du Coran les doctrines sacrées,
Et que ce peuple impur, étranger parmi vous,
Leur porte impunément de sacriléges coups? »
Il dit : à ces accents qui frappent son oreille,
Le prêtre ismaélite en sursaut se réveille;
Mais, se croyant trompé par quelque songe vain,
Sur sa couche il retombe, et se rendort soudain.

« Du grand législateur toi qui te dis le prêtre,
Reprend alors Bacchus, veux-tu me reconnaître,
Moi de qui vous tenez ce saint livre de foi
Sans lequel de Jésus vous subissiez la loi,
Ce livre qu'au désert m'inspira Dieu lui-même
Et qui vous épargna l'opprobre du baptême?
Tu dors, mais moi, je veille! apprends votre danger;
Apprends que les Chrétiens viennent vous replonger
Dans la nuit qui longtemps couvrit l'Asie entière
Avant que mon flambeau lui versât la lumière.
Tandis qu'en petit nombre ils ont touché ces bords,
Pour vous en délivrer faites de prompts efforts;

Quand le soleil naissant commence sa carrière,
On peut l'envisager sans baisser la paupière;
Mais lorsqu'au haut des cieux rayonne sa splendeur,
Quel œil de son foyer contemplerait l'ardeur?
Sans attendre qu'ici le Portugais domine,
Hâtez-vous d'extirper le mal en sa racine. »

Il dit; l'Ismaélite une seconde fois
S'éveille épouvanté; sa lamentable voix
Appelle autour de lui ses nombreux domestiques.
Roulant dans son esprit ses terreurs fanatiques,
Aux lueurs d'un flambeau, de la clarté du jour,
Impatient, farouche, il attend le retour.
A peine dans les cieux brille l'aube nouvelle,
Il convoque les chefs de sa loi criminelle;
Un moment les rassemble, un moment les instruit
Des sombres visions de cette horrible nuit.
En barbares clameurs leur sanhédrin sauvage
Exhale les transports de son aveugle rage.
Tour-à-tour on propose en cet affreux sénat
Violence, prison, surprise, assassinat.
De la corruption les ténébreux mystères
Enfin sont préférés aux conseils téméraires;
Par le pouvoir de l'or dont tout subit la loi
On résout de gagner les ministres du roi,
Et pour combler ces grands de pompeuses largesses
L'islamisme à l'envi prodigue ses richesses.
La noire calomnie, appuyant ces complots,
Dépeint les étrangers apportés par les flots
Comme un peuple sans lois, sans culte et sans patrie,
Vivant de brigandage et de piraterie.

Vous, élus par le ciel pour régir les humains
Et ce vaste univers, ouvrage de ses mains,
Rois, de vos conseillers faites un choix sévère.
Que leur cœur soit loyal et leur vertu sincère.
Malheur, malheur à vous, si leur fidélité
Ne fait luire à vos yeux l'auguste vérité ! (4)

Du puissant Zamorin les ministre perfides
A l'or des Musulmans ouvrent leurs mains avides.
Loin du trône par eux l'amiral écarté
Appelle envain le jour ardemment souhaité
Où le noble monarque à son impatience
Enfin doit accorder une heureuse audience. (5)
Trompé par ses devins, par ses prêtres menteurs,
Par les grands de sa cour vendus aux corrupteurs,
Le Zamorin, jouet de leur complot infâme,
Tantôt à la frayeur abandonne son âme,
Et tantôt, rassurant son esprit incertain,
Réchauffe son courage au vil espoir du gain.
Il se peint le profit incalculable, immense,
Que des peuples chrétiens lui promet l'alliance.
Des ministres vingt fois réunis, consultés,
Par la corruption les avis sont dictés.
Contre les Portugais tous à l'envi l'irritent.
Enfin, pour éclaircir les doutes qui l'agitent,
Il appelle Gama : « Dis-moi la vérité ;
Ton pardon est le prix de ta sincérité.
Ton ambassade ici n'est qu'une vaine ruse,
Je le sais ; ne crois pas qu'aisément on m'abuse.
Sans patrie et sans roi, tu cours toutes les mers.
Un roi t'enverrait-il du bout de l'univers

Affronter la colère et des vents et des ondes
Pour montrer à l'Indus tes voiles vagabondes?
Aussi bien à quels traits reconnaîtrais-je en toi
Le digne ambassadeur d'un grand et puissant roi?
Par l'éclat de tes dons, par ta magnificence
M'as-tu, noble envoyé, prouvé son opulence?
C'est par le grand lien des libéralités
Que l'amitié des rois resserre leurs traités.
Mais d'un navigateur errant de plage en plage
La parole pour moi n'est qu'un stérile gage.
Ne crains rien toutefois, et parle sans détour.
De ton pays ingrat si tu fuis le séjour,
Je t'offre sur ces bords une demeure amie :
Des mortels courageux le monde est la patrie.
Si tu n'es qu'un forban, tu peux en convenir
Sans craindre que mon bras s'arme pour te punir;
De la fatalité l'impérieuse entrave
Souvent maîtrise l'homme et l'enchaîne en esclave. »

Ce discours de Gama confirme les soupçons.
Il ne peut plus douter des lâches trahisons
Qu'aux murs de Calicut ourdit la calomnie
Contre les nobles fils de la Lusitanie.
Indigné, mais toujours le front calme et serein,
Inspiré par le ciel, il dit au Zamorin :

« Si l'esprit ténébreux, si l'ennemi des hommes,
Depuis les premiers temps jusqu'au temps où nous sommes,
N'eût versé sur la terre, en sa malignité,
La coupe du mensonge et de l'iniquité,
Si de vils imposteurs, trompant ta confiance,
N'eussent devant tes yeux noirci notre innocence,

O monarque puissant sur ces bords adoré,
Le soupçon dans ton cœur ne fût jamais entré.
Mais toujours ici-bas la vertu poursuivie
Excita les fureurs de l'implacable envie.
Le mal auprès du bien de tout temps vint s'asseoir
Et la crainte est partout compagne de l'espoir.
D'infâmes imposteurs ont par leur artifice
Prévenu contre nous ta royale justice;
Mais ces impressions, j'ose ici m'en flatter,
S'effaceront bientôt, si tu veux m'écouter.
Moi, banni! moi, pirate! Eh! d'un injuste maître
Si l'arrêt m'eut chassé des champs qui m'ont vu naître,
Serais-je allé chercher sur un bord si lointain,
A travers tant de mers, un asile incertain?
Aurais-je, poursuivant cette frêle espérance,
D'Éole et de Neptune affronté l'inconstance,
Et les glaces du pôle, et le feu meurtrier
Dont l'équateur s'embrâse à l'aspect du bélier?
Tu veux que le tribut de mes vastes largesses
Du prince que je sers t'atteste les richesses.
Mais qui m'a fait franchir les flots? Le seul espoir
De découvrir ces bords soumis à ton pouvoir.
Que le destin me laisse à ma terre natale
Annoncer que j'ai vu la rive orientale,
Et bientôt, en ces lieux signalant mon retour,
Des présents de mon roi j'éblouirai ta cour.
Tu sembles étonné de voir si loin du Tage
L'étendard portugais flotter sur ce rivage
Et nos hardis marins sur l'ordre de leur roi
A travers l'Océan parvenus jusqu'à toi.
Mais aux fils de Lusus il n'est rien d'impossible;
Mais de nos souverains le courage invincible

Ne veut rien de vulgaire, et jamais n'entreprend,
Jamais n'accomplit rien que d'illustre et de grand.
Déjà depuis longtemps, en dépit des orages,
Nous avions de l'Afrique exploré les parages,
Lorsque du grand Henri les yeux toujours ouverts
Portèrent leurs regards au bout de l'univers.
Oui, de nos longs travaux tu fus l'âme et le guide,
O toi le digne fils du monarque intrépide
Qui franchit le premier les flots de Gibraltar
Pour forcer de Ceuta le superbe rempart.
A ta puissante voix, sans craindre les naufrages,
Le Portugais s'élance à de nouveaux voyages
Et contemple bientôt ces climats où le ciel
Voit étinceler l'Hydre et le Lièvre et l'Autel. (6)
Par ces premiers succès leur audace annoncée
Poursuit heureusement sa course commencée.
Ils passent le tropique et laissent bien loin d'eux
Ces champs que le soleil dévore de ses feux,
De l'hémisphère austral les brûlantes contrées,
Que les astres du nord n'ont jamais éclairées.
Leurs nefs à nos vaisseaux ont frayé le chemin.
Comme eux, vainqueurs de l'onde et vainqueurs du destin,
Nous venons en ces lieux où nous porte Amphitrite
Marquer de nos travaux la dernière limite,
Et demander à toi, sublime Zamorin,
Un message amical pour notre souverain.
Telle est la vérité; reconnais son langage.
Dans le douteux espoir de cet illustre gage
Irais-je du mensonge épuiser les détours?
La place d'un forban n'est pas au sein des cours.
Trop de périls ici menaceraient sa tête.
Mieux vaudrait affronter les flots et la tempête,

Et, corsaire intrépide, au bruit de l'ouragan,
Promener la terreur sur le vaste Océan.
Roi puissant, si tu crois ce que ma voix t'annonce,
Daigne, sans plus tarder, me donner ta réponse;
J'ai hâte de revoir mon pays et mon roi.
Mais si le doute encor n'a pas fui loin de toi,
Consulte ta raison; bientôt son témoignage
Aura de ton esprit écarté tout nuage. »

Il disait; et son air rempli de dignité,
Son discours noble et ferme avec simplicité
Ont du prince indien gagné la confiance.
A le croire innocent le Zamorin commence.
Ses ministres sans doute ont été mal instruits.
Il ne soupçonnait pas qu'on les avait séduits!
Lui-même à l'intérêt il cède, et se retrace
L'immensité des gains qu'un grand commerce embrasse
Et que du Portugal, avec l'Inde lié,
Par la voix de Gama lui promet l'amitié.
« Retourne à tes vaisseaux, dit-il au capitaine;
Et, pour nous préparer à serrer cette chaîne
Qui doit être à jamais utile aux deux pays,
Dès aujourd'hui prélude à ces rapports amis.
Que ton peuple avec l'Inde heureusement échange
Les produits de l'Europe inconnus près du Gange,
Et remporte à son tour les parfums précieux,
Les végétaux puissants que nous tenons des cieux.

L'amiral prend congé de l'auguste monarque;
Pour rejoindre sa flotte il demande une barque;
Mais, irrité de voir que ses lâches complots
Soient tombés impuissants à la voix du héros,

Le ministre idolâtre à ses vœux se refuse,
De prétextes nouveaux perfidement l'abuse,
Et vers le port désert par maint secret détour
Le guide, en l'égarant, loin du royal séjour.
« Tu le vois ; à tes vœux je ne puis satisfaire ;
Mais attends à demain, lui dit-il, et j'espère
Qu'il me sera permis d'assurer ton départ. »
A son affreux sourire, au sinistre regard
Où se peint de son cœur l'infernale malice,
Gama des Musulmans reconnaît le complice.
Entre les conseillers du fils de Périmal,
Le plus puissant de tous était le Catual :
Les cités, comme au nom du monarque lui-même,
S'ouvraient ou se fermaient à son ordre suprême.
Par les Maures jaloux à grands frais acheté,
Il s'est fait l'instrument de leur iniquité.
L'amiral Portugais vainement réitère,
Au nom du Zamorin, son instante prière.
« Cesse de t'opposer, dit-il, au pacte heureux
Dont nos deux souverains veulent serrer les nœuds.
Quand du prince a parlé la suprême puissance,
Le devoir d'un sujet est dans l'obéissance.
Souffre que vers mes nefs je hâte mon retour. »
L'inflexible ministre à sa voix reste sourd ;
Sa haine des Chrétiens a juré la ruine
Et, souriant d'avance aux coups qu'il leur destine,
Il roule en son esprit mille horribles projets.
Comment plonger le fer au sein des Portugais ?
Comment livrer leur flotte à la fureur des flâmes ?
Pour l'odieux succès de ses complots infâmes
C'est à la ruse encor que le lâche a recours.
D'une feinte amitié colorant ses discours,

Il dit à l'amiral : « Quelle raison t'engage
A tenir tes vaisseaux éloignés de la plage?
Qu'ils entrent dans le port : le commerce entre nous
En sera plus facile et nos rapports plus doux.
Aux pirates rusés laisse la défiance,
Et, si tu veux former avec nous alliance,
Montre un cœur aux soupçons, à la crainte étranger ;
Viens en ami ; ces bords sont pour toi sans danger. »

Mais le perfide envain déguise sa malice ;
Gama de ses discours pénètre l'artifice.
Faire approcher la flotte, il n'en saurait douter,
A sa destruction c'est la précipiter.
A l'aspect des périls qui pour lui se préparent,
Mille pensers divers de son esprit s'emparent ;
Mais, contre le destin prompt à se prémunir,
S'il voit tout, s'il craint tout, il veut tout prévenir.
Tel, suivant d'un enfant la main vive et légère
Et des feux du soleil empruntant sa lumière,
Sur les murs, sur les toits en reflets vacillants
Un miroir lance au loin ses jets étincelants ;
Telle de l'amiral voyage la pensée
De la plage aux vaisseaux tour-à-tour élancée.
Du brave Coëlho peut-être en cet instant
La nef obéissante au rivage l'attend.
Frémissant des dangers d'un lieutenant fidèle
Qu'au devant de son chef un ordre exprès appelle,
Le vigilant Gama parvient, non sans effort,
A le faire avertir de s'éloigner du bord,
De craindre les fureurs de la race africaine.
Voilà le véritable et le grand capitaine !

L'essor de sa pensée est celui des éclairs
Volant d'un pôle à l'autre en divisant les airs.
Devinant, prévenant le péril qui menace,
Toujours sa prévoyance égala son audace.
Tel est l'homme de guerre à qui peut un état
Confier sûrement le destin du soldat.

Le Catual insiste : à ses cris, à sa rage
Le héros portugais oppose un fier courage.
Plutôt que hasarder sur ce perfide bord
Les vaisseaux de son prince, il bravera la mort.
Dans ces anxiétés il a revu l'aurore.
L'idolâtre l'insulte et le menace encore.
Gama ne cède point à ces affronts nouveaux
Et, sans courber le front, soutient tous ces assauts.
Cependant du héros l'invincible constance
Enfin de ce barbare a lassé l'insistance,
Et, craignant que le prince instruit de ces détours,
A son juste courroux ne donne un libre cours,
Il change tout-à-coup de ton et de langage :
« Eh! bien! que tes vaisseaux restent loin du rivage,
Dit-il ; mais fais venir les produits précieux
Que tu peux échanger ou vendre dans ces lieux ;
Le commerce est le nœud des peuples de la terre.
Consentir est la paix ; refuser est la guerre. »
Gama de ce discours a pénétré la fin ;
De l'avare ministre il comprend le dessein ;
Mais, de sa liberté quelque soit le salaire,
Il ne peut balancer et doit y satisfaire.
Toutefois, par prudence, il veut que dans le port
Les nacelles de l'Inde opèrent le transport.

Alvare et Diego viennent de leur patrie
Aux yeux du Catual étaler l'industrie.
L'espoir de ces trésors a fait en un moment
Ce que n'ont pu l'honneur réclamé vainement,
La foi, le droit des gens, l'ordre du diadême,
Et le noble captif est libre à l'instant même.
Sur ces bords, vil séjour de l'infidélité,
Il jette en s'éloignant un regard irrité,
Regagne ses vaisseaux, et dans ce sûr asyle
De ses perplexités repose enfin tranquille,
Résolu désormais à ne s'exposer plus
Sur ces bords où d'un roi les ordres absolus
N'ont pu le protéger contre un ministre avare,
Lâche instrument d'un peuple infidèle et barbare. (7)

O Plutus, dieu de l'or, idole des mortels,
Et le riche et le pauvre encensent tes autels.
Dieu fatal, le premier, l'unique dieu du monde,
Ton culte des forfaits est la source féconde.
Ainsi jadis la Thrace a vu l'amour de l'or
En cruel assassin changer Polymestor.
Ainsi de Tarpeïa la vanité frivole
Pour l'amour de cet or livra le Capitole.
De la tour où, soumise à des gardiens jaloux,
Gémissait Danaé, l'or força les verroux.
L'or par la trahison surprend les forteresses ;
L'or aux plus nobles cœurs conseille des bassesses,
Et souvent ce métal perfide et séducteur
Fit d'un vaillant soldat un lâche déserteur.
Étouffant, ô pudeur, tes naïves alarmes,
La vierge, à son aspect, chancelle et rend les armes,

Et, sensible elle-même à ses trompeurs appas,
Minerve quelquefois ne lui résiste pas.
Il corrompt les talents, déprave la science,
De Thémis à son gré fait pencher la balance,
Dicte des magistrats les arrêts souverains
Et transforme les rois en tyrans inhumains.
Il souffle le parjure, il solde l'adultère;
Souvent même il pénètre au sein du sanctuaire,
Éblouit les regards du cénobite obscur,
Et souille les autels de son contact impur.

CHANT NEUVIÈME.

Aux murs de Calicut envain de jour en jour
Alvare et Diego prolongeaient leur séjour :
Le Musulman jaloux perfidement s'exerce
A rendre infructueux leurs projets de commerce.
Le but des Africains, l'espoir du Catual
Était de retenir les nefs du Portugal
Jusqu'au temps où viendraient celles que l'Arabie
Aux rives de l'Indus chaque année expédie.

Près du golfe Érythrée et de l'isthme fameux
Où jadis éleva ses remparts orgueilleux
L'antique Arsinoé, la cité renommée
Que du nom de sa sœur ennoblit Ptolémée,
Et dont Suez encor atteste la grandeur,
La Mecque de son temple étale la splendeur,
La Mecque, du Coran métropole hautaine
Et que de Mahomet consacre la fontaine.
C'est de Jedda, son port, que partent tous les ans
Ces flottes, la puissance et l'orgueil des soudans,
Ces vaisseaux, de structure imposante et solide,
Qui, franchissant les mers où le Gange rapide
Précipite à grand bruit ses flots impétueux,
De l'Inde vont chercher les parfums onctueux

Et des riches produits de ces terres lointaines
Rapportent le tribut aux plages africaines.

Le moment approchait ; ces vaisseaux attendus
Bientôt allaient paraître aux rives de l'Indus.
C'est avec leur secours que le noir Malabare,
Secondant les projets de l'Africain barbare,
Prétend anéantir les vaisseaux lusitains.
Mais le Dieu tout-puissant, le père des humains,
Le maître juste et bon de qui la providence
Et conserve et régit cet univers immense,
Sur les fils de Lusus daigne jeter les yeux.
Monzaïde en son cœur déjà digne des cieux
A pour les Portugais dont le sort l'intéresse
D'en haut senti descendre une vive tendresse.
C'est lui, chrétien futur, qu'a choisi l'Éternel
Pour sauver les Chrétiens d'un complot criminel.
Les Maures, qu'avec lui joint la même croyance,
N'ont de ses sentiments aucune défiance.
Il entend leurs discours ; il connaît leur fureur.
Son cœur noble et loyal en a frémi d'horreur.
Il va trouver Gama : « S'il en est temps encore,
Trompe l'horrible espoir dont se flatte le Maure ;
Il attend de la Mecque un superbe armement,
De ta destruction formidable instrument ;
Tes vaisseaux, qui de l'onde ont souffert l'inclémence,
Pourront-ils résister à cette flotte immense,
A ces puissantes nefs qui portent dans leur sein
Les foudres de la guerre et les feux de Vulcain? »

Vasco n'hésite pas ; désormais il renonce
A pouvoir du monarque obtenir la réponse ;

Cet espoir serait vain; la saison, d'autre part,
Au voyage est propice et l'invite au départ.
Alvare et Diego, que son ordre rappelle,
Se flattaient d'échapper aux yeux de l'infidèle.
Mais, tandis qu'ils fuyaient par des détours obscurs,
Du Catual sur eux les regards prompts et sûrs
Veillaient; on les arrête au sortir des murailles.
Gama fait dans les fers jeter par représailles
Des marchands du pays à son bord descendus
Pour venir trafiquer du luxe de l'Indus.
De leur captivité la nouvelle semée
Bientôt a retenti dans la ville alarmée.
Pour en croître l'effet, l'amiral à l'instant
A donné du départ le signal éclatant.
Déjà la forte main du matelot docile
Fait tourner les ressorts du cabestan mobile;
La voile est déployée, et du fond de la mer
Les cables vont tirant l'ancre à la dent de fer.
Cependant des captifs les filles éplorées,
Les épouses tordant leurs mains désespérées,
Redemandant au roi leurs pères, leurs maris,
Assiégent le palais en poussant de grands cris.
Cédant à leurs clameurs, le prince Malabare
Avec son compagnon fait délivrer Alvare,
Et tous deux, en dépit des Maures furieux,
Ont revu l'amiral et leurs frères joyeux.

Gama s'est éloigné des climats où l'aurore
Montre son front riant que la rose colore.
Triomphant d'avoir vu le ciel oriental,
Bientôt il pourra donc au roi de Portugal,

A sa chère patrie où son cœur le rappelle
De son heureux voyage annoncer la nouvelle !
Il pourra leur montrer le prix de ses travaux,
Les produits de ces bords qu'ont touché ses vaisseaux,
Et le poivre brûlant et la noix embaumée
Qui pare de Banda la tige parfumée,
Et le fruit odorant du noir géroflier
Et celui qu'à Ceylan donne le canellier.
Au noble Monzaide il en doit la conquête ;
Monzaïde, affranchi des erreurs du prophète
Et qui veut que son nom au livre de Jésus
Rayonne avec les noms des enfants de Lusus.
Bienheureux Africain, le seigneur qui t'éclaire
Fait briller à tes yeux son flambeau tutélaire,
Et loin de ton pays au bout de l'univers
Te montre ta patrie au sein des cieux ouverts !

Des climats que Phœbus sortant des mers profondes
Échauffe les premiers de ses clartés fécondes,
Les héros Portugais dans leur rapide essor
Voguaient à pleine voile au cap d'Adamastor ;
Et quoique, dans l'ivresse où leur âme se noie,
Neptune mêle encor quelque crainte à leur joie,
Au bonheur de revoir leurs parents, leurs foyers
Par avance leurs cœurs se livrent tout entiers.
Quel triomphe pour eux de conter à leurs frères
Leurs navigations aux rives étrangères ;
De leur peindre les mœurs de cent peuples divers,
Et les nouveaux climats, et les nouvelles mers
Dont leurs nefs ont franchi le périlleux espace,
Monument immortel d'une invincible audace !

Quel plaisir d'étaler aux regards curieux
De ces bords inconnus le tableau merveilleux !
Comme un vase d'où fuit la liqueur débordée,
Leur âme, à ces pensers, de joie est inondée.

Cependant sur les mers la divine Cypris
Suit d'un œil vigilant ses Portugais chéris.
Dès long-temps des guerriers de la Lusitanie
Elle est l'aimable guide, elle est le bon génie.
Après tant de travaux noblement supportés,
Après tant de périls pour la gloire affrontés,
Elle veut du bonheur leur présenter l'image
Et de ses dons charmants embellir leur voyage.
Si les vents ont contre eux déchaîné leur courroux,
Si du cruel Bacchus ils ont senti les coups,
Elle veut à la fin que leur longue constance
Trouve de ses efforts la juste récompense,
Et que Téthys, du sein de l'humide séjour,
Fasse naître pour eux le plaisir et l'amour.
La belle Cythérée à ses desseins allie
L'enfant dont la puissance en tous lieux établie,
Maîtresse également de la terre et des cieux,
Rapproche sous ses lois les mortels et les Dieux.

Dans les mers que l'Aurore en souriant éclaire
La déesse a fait choix d'une île solitaire.
La fille du Printemps, l'amante de Zéphir,
Flore, de tous ses dons se plut à l'embellir.
Un air de volupté respire en ses bocages
Et Cythère elle-même a de moins doux ombrages.
Là, Vénus aux regards des héros enchantés
Veut offrir de la mer les jeunes déités.

CHANT IX.

Ces nymphes jusque-là, de leur beauté trop vaines,
Ont ri des soupirants arrêtés dans leurs chaînes;
Mais Vénus en leurs cœurs, bientôt moins orgueilleux,
Saura du tendre amour allumer tous les feux,
Et, de la volupté leur enseignant les charmes,
Vaincre de leur pudeur les superbes alarmes.
C'est ainsi qu'à son aide appelant Cupidon,
Elle imposa ses lois à la fière Didon.
Contre vous aujourd'hui, divinités de l'onde,
De ce cruel enfant où son pouvoir se fonde
Elle armera le bras, et de ses traits vainqueurs
La flamme au sein des flots ira brûler vos cœurs.

Elle attelle à son char le cygne dont la vie
A son dernier soupir s'exhale en harmonie,
Et la douce colombe à qui Vénus un jour
Dut un léger triomphe envié par l'Amour,
Lorsqu'avant d'être oiseau, la nymphe Péristère
Allait cueillant des fleurs par les champs de Cythère.
Le char a pris l'essor. Des oiseaux dans les airs
Montent à son aspect les amoureux concerts,
Et devant les regards de la belle déesse
L'univers qui l'admire a frémi d'allégresse.
Elle planait déjà sur les monts de Paphos.
Elle voit, l'arc en main, le carquois sur le dos,
Son fils et les Amours qu'il excite à la guerre,
Armés pour se venger des mépris de la terre.
L'univers, où le Dieu promène ses regards,
Lui montre ses autels déserts de toutes parts. [1]
Amour gémit de voir les âmes dégradées
Et de la soif de l'or en tous lieux possédées;

C'est trop long-temps souffrir ce lâche égarement
Et trop en différer le juste châtiment.
Il veut que, secondant son courroux légitime,
Ses frères avec lui s'arment contre le crime,
Et, relevant partout ses temples, ses autels,
Ramènent sous ses lois les coupables mortels.

Cependant des Amours la cohorte légère
Va préparant ses traits pour la prochaine guerre.
D'un javelot ailé l'un façonne le bois;
L'autre, aiguisant ses dards, en emplit son carquois.
Un chant mélodieux, d'une douceur divine,
Animait les travaux de la troupe enfantine.
C'est au feu des désirs que ces jeunes Vulcains
Forgent le fer cruel de leurs traits assassins,
Incorruptible feu qu'Amour sans cesse allume
Et qui, brûlant toujours, jamais ne se consume.
Ce fer qui porte un coup si prompt, si dangereux,
Est trempé dans les pleurs des amants malheureux. (2)
Les cygnes argentés de la reine de Cnide,
Des sommets de Paphos hâtant leur vol rapide,
Ont déposé son char sur les gazons fleuris.
Vénus, majestueuse, en descend, et son fils,
Cet enfant qui commande au maître du tonnerre,
Joyeusement s'avance au devant de sa mère,
Et des autres Amours tout le peuple enchanté
Vient de sa souveraine admirer la beauté.

Cypris, sans perdre temps, à Cupidon s'adresse,
Dans ses bras maternels le serre avec tendresse,
Et lui dit : « Cher enfant, mon orgueil, mon espoir,
Toi, sur qui de Vénus se fonde le pouvoir,

CHANT IX.

Toi, qui braves les traits par qui fut étouffée
La fureur d'Encélade et celle de Typhée,
J'implore ton secours. O mon fils, tu connais
Des enfants de Lusus la gloire et les hauts faits.
A l'égal des Romains, fiers descendants d'Énée,
Tu sais que je chéris leur race fortunée.
J'en ai des garants sûrs, on les verra toujours
Fidèles à la gloire, à Vénus, aux amours.
Montrons en leur faveur toute notre puissance.
Assez long-temps Bacchus, signalant sa vengeance,
A soulevé contre eux Neptune et l'Océan.
Qu'ils trouvent à la fin, sur ces flots où l'Autan
De ses fougueux assauts les tourmentait naguère,
Après tant de périls, un repos nécessaire ;
Et que ces mers, témoins de leurs adversités,
Contemplent leur triomphe et leurs félicités.
Qu'au fond de l'Océan les filles de Nérée
Sentent leur cœur percé de ta flèche acérée ;
Et qu'au joug de l'amour soumettant leur dédain,
Pour les guerriers du Tage elles brûlent soudain.
Je les rassemblerai dans une île enchantée
Que les noirs ouragans n'ont jamais agitée ;
Flore de tous ses dons la comble et l'enrichit
Et de son souffle pur Zéphir la rafraîchit.
Là, je veux qu'en ce jour les belles Néréides,
Sous de pompeux lambris, en des banquets splendides,
Le front paré de fleurs, aux Portugais heureux
Offrent les mets exquis et les vins savoureux ;
Préparent aux héros des couches magnifiques,
Moins brillantes encor que leurs attraits magiques,
Et, des fils de Lusus rendant les Dieux jaloux,
Couronnent les transports de ces nobles époux.

Fais sortir de ces flots, qui m'ont donné naissance,
Un peuple sans égal en courage, en puissance,
Et montre bien à ceux qui voudraient en douter
Que rien dans l'univers ne peut te résister,
Puisque tes traits vainqueurs jusques au sein des ondes
Font saigner de l'Amour les blessures profondes. »

Elle dit; Cupidon, d'un air malicieux,
Lui sourit, et la joie étincelle en ses yeux;
Il demande son arc et sa flèche dorée
Qui porte au fond des cœurs une atteinte assurée.
Sur le cruel enfant jetant un doux regard,
Vénus à son côté le reçoit dans son char
Traîné par ces oiseaux dont jadis l'harmonie
Au deuil de Phaéton invita l'Ausonie.

L'Amour, pour accomplir le projet arrêté,
Veut réclamer l'appui d'une autre déité,
L'active Renommée, indiscrète déesse,
Qui sans cesse interroge et répète sans cesse,
D'innombrables regards surveille l'univers,
S'élève jusqu'aux cieux, descend jusqu'aux enfers,
Et de ses mille voix incessamment proclame
L'erreur, la vérité, la louange ou le blâme.
Prompte à remplir les vœux de l'enfant de Paphos,
La déesse dans l'air s'élève, et des héros
Dont la gloire à jamais sera l'orgueil du Tage
Va conter les exploits de rivage en rivage,
Sa trompette jamais sur des tons plus puissants
Ne fit à l'univers entendre ses accents;
Ils pénètrent au sein des demeures profondes
Et vont dans leurs palais troubler les Dieux des ondes

Qui, par ces grands récits se laissant ébranler,
Commencent à sentir leur haine chanceler.
Des déesses encor le cœur plus vite incline
En faveur des héros que Vénus leur destine :
« Ces généreux guerriers, ces mortels glorieux
« Peuvent-ils mériter la colère des Dieux?
« Un injuste ennemi vainement les accuse.
« La vérité triomphe, et, confondant la ruse,
« Proclame que contre eux l'envie a seule armé
« Le courroux de Bacchus à les perdre animé. »

Cependant Cupidon sur les plaines liquides
Commence à décocher ses javelots rapides ;
Les uns, d'un vol direct, plongent au fond des mers ;
D'autres, en serpentant, rasent les flots amers.
Déjà, le cœur percé de ses flèches puissantes,
Les nymphes ont senti leurs atteintes cuisantes.
Cédant au doux instinct de leurs vagues désirs,
Elles vont exhalant mille tendres soupirs
Et, sans connaître encor les objets de leur flâme,
A l'amour par avance abandonnent leur âme.
Le Dieu contre Téthys que défend sa fierté
Rassemble tout l'effort de son arc redouté.
Le trait part.. C'en est fait.. La victoire est complète.
Des nymphes ce triomphe achève la défaite.
Au pouvoir de Vénus soumises sans retour,
Elles ne vivent plus que pour languir d'amour.
A la reine des mers fais place, onde azurée.
La divine Cypris aux filles de Nérée
Apporte de leurs maux la douce guérison.
Vois cette flotte au loin paraître à l'horizon,

Déployant le lin blanc de ses voiles rapides.
Toi, qui versas la flamme au cœur des Néréides,
Consomme ton ouvrage, et, croissant leur ardeur,
Amour, viens enhardir la craintive pudeur.

Les nymphes, s'arrachant aux langueurs de l'extase
Où les plongent les traits du Dieu qui les embrase,
Sur l'onde bruissante ont apparu soudain ;
Puis, en chœurs fraternels, se tenant par la main,
Elle nagent vers l'île au plaisir consacrée,
Où les guide la reine à Cythère adorée.
La pudeur, qui long-temps les soumit à ses lois,
Se fait encore entendre une dernière fois.
Mais Cypris les rassure, et leur âme ravie
Sourit au doux pouvoir qui la tient asservie.

Cependant les guerriers que protége Vénus,
Trop long-temps égarés sur des flots inconnus,
Reprenant leur essor vers leur terre natale,
Fendaient d'un cours heureux la mer orientale ;
Leurs yeux, chemin faisant, cherchaient à découvrir
Un rivage propice et qui pût leur offrir
Quelque fontaine d'eau limpide et jaillissante,
Quand l'île de Cypris devant eux se présente,
A l'heure où de ses feux la mère de Memnon,
L'Aurore au teint de rose empourprait l'horizon.
Comme aux vents obéit une voile rapide,
L'île charmante, au gré d'un invisible guide,
Sur le vaste Océan flottait parmi les eaux
Que des fils de Lusus sillonnaient les vaisseaux.
Les héros Portugais l'ont à peine aperçue,
Elle cesse d'errer et s'arrête à leur vue ;

Telle autrefois Délos, lorsque Latone au jour
Mit Diane et Phœbus, doux fruits de son amour.
Cette île offrait aux nefs de la Lusitanie
Une tranquille baie, où la mer calme, unie,
Caressait mollement de ses flots purs et bleus
Les sables argentés de ce rivage heureux.
D'une fraîche verdure élégamment parées
Et de l'émail des fleurs richement diaprées,
Trois collines, au front superbe et gracieux,
En ce riant séjour s'élancent vers les cieux.
De limpides ruisseaux avec un doux murmure
De cascade en cascade épanchent leur eau pure
Qui, se réunissant dans le vallon voisin,
Emplit d'un lac pompeux le superbe bassin.
Les arbres, de ses bords élégante parure,
Inclinant sur les flots leur verte chevelure,
Semblent avec amour dans le miroir des eaux
Contempler leurs feuillage et leurs jeunes rameaux.

D'autres lèvent dans l'air leur tige enorgueillie
Des fruits délicieux dont elle est embellie.
Là, sont les orangers avec leurs pommes d'or,
Les cédrats accablés du poids de leur trésor,
L'odorant citronnier, dont le fruit représente
Du sein de la beauté la forme ravissante.
Plus loin sur la colline, aux confins du vallon,
Croissent l'arbre d'Alcide et l'arbre d'Apollon,
Les myrtes de Vénus et les pins de Cybèle
Qui pleure encore Atys à son culte infidèle ;
Le haut cyprès enfin, dont le front orgueilleux
S'élève en pyramide et menace les cieux.

14

Là, de riants vergers, enfants de la nature,
De Pomone chéris, produisent sans culture
La cerise empourprée et le fruit rougissant
Que Pyrame et Thisbé teignirent de leur sang,
Et la pêche, à la peau vermeille et veloutée,
Des rives de l'Euphrate en Europe apportée,
Et qui dans la douceur de ce nouveau climat
A perdu son poison sans perdre son éclat ;
La grenade étalant sa chair rouge et brillante,
Du rubis enflammé rivale étincelante,
La vigne suspendant ses raisins savoureux
Aux rameaux protecteurs des ormeaux amoureux,
Et la poire, à la forme élégante, allongée,
Par les oiseaux gourmands en passant outragée.

Flore sur ces beaux lieux comblés de ses faveurs
Etend de doux tapis de verdure et de fleurs.
Narcisse au bord des eaux, où son orgueil s'admire,
Penche sa noble tête, et le fils de Cynire,
Adonis, dont Vénus pleure encor le trépas,
Renaît dans l'anémone aux contours délicats.
L'amante de Zéphyre en ces lieux fait éclore
La rose que Cypris d'un doux carmin colore,
La tendre violette à la teinte d'azur,
L'asphodèle aux fleurs d'or, le lis brillant et pur,
La douce marjolaine, et le bel hyacinthe
Qui du deuil d'Apollon porte à jamais l'empreinte.
En voyant dans le ciel resplendir leurs couleurs,
On doutait si l'Aurore embellissait les fleurs,
Ou si le doux éclat de ces filles de Flore
Allait se réfléchir sur le front de l'Aurore.

Des essaims voltigeants d'oiseaux mélodieux
De leurs joyeux concerts animent ces beaux lieux.
Du cygne au bord des eaux la voix se fait entendre;
Philomèle soupire un chant plaintif et tendre
Et le vif passereau dans son bec acéré
Gaîment porte à son nid l'aliment désiré.
Les agneaux innocents folâtrent dans la plaine;
Actéon désormais dans la claire fontaine
De son front sans effroi contemple les rameaux;
Le lièvre dans les champs erre avec les troupeaux
Et, désertant les bois et l'ombre bocagère,
La biche dans les prés bondit vive et légère.

C'est dans cet Élysée et si frais et si beau
Que du nouveau Jason aborda le vaisseau.
Les déesses, foulant les fleurs et la verdure,
Sur ces bords enchantés erraient à l'aventure,
Faisant en doux accords résonner sous leurs doigts
La flûte des bergers, la harpe ou le haut-bois,
Ou feignant de poursuivre, Amazones rapides,
Un arc d'or à la main, les gazelles timides.
Leur maîtresse dans l'art de captiver les cœurs,
Vénus leur avait dit : « Quand ces navigateurs
Descendront dans cette île à mon pouvoir soumise,
Vous fuirez à l'aspect de leur troupe surprise;
Tous, embrasés d'amour, voleront sur vos pas. »
Au liquide cristal confiant leurs appas,
D'autres plongent leur corps au sein de l'onde pure
Qui trahit leur beauté sans voile et sans parure.

Cependant on aborde, et les héros sont prêts
A déclarer la guerre aux monstres des forêts.

Ils ne s'attendaient pas qu'en cette île nouvelle
Vénus leur préparait une chasse plus belle.
Tandis que, l'arbalète ou l'arquebuse en main,
Les uns, dans les forêts se frayant un chemin,
Sous les dômes touffus qui leur servent d'asile
Vont chercher la gazelle ou le chevreuil agile,
Séduits par la fraîcheur, d'autres suivent le cours
D'un ruisseau qui serpente en gracieux détours
Et dont le flot, épris de ses rives fleuries,
Lentement se promène à travers les prairies.
Tout-à-coup, au milieu des bocages épais,
Etincelle aux regards des héros Portugais
Des plus brillants reflets la splendeur imprévue.
Cet éclat ravissant qui vient frapper leur vue
N'est point celui des fleurs ; c'est l'éclat des atours
Dont la beauté pour plaire emprunte le secours
Et qui, doublant l'attrait des grâces naturelles,
Soumet à son pouvoir les cœurs les plus rebelles.
A l'aspect enchanteur, au tableau merveilleux
De ces divins appas révélés à ses yeux,
Velloso pousse un cri de surprise et de joie :
« Chasseurs, qu'ai-je aperçu? Quelle charmante proie!
Si des divinités de l'antique univers
Le culte vit encor, c'est au sein de ces mers.
L'Olympe eut-il jamais des beautés plus célestes
Que celles qu'à nos yeux offrent ces lieux agrestes?
En courant sur leur trace, amis, assurons-nous
De la réalité de ces objets si doux. »
Et tous, comme des daims, volent à leur poursuite.
Chaque nymphe aussitôt feint de prendre la fuite.
La gaze de leur robe et l'or de leurs cheveux
Flottent dans l'air au gré des zéphirs amoureux.

Mais, tout en s'enfuyant, ces nymphes du bocage
Tournent vers les guerriers leur souriant visage.
Aux mains des Portugais heureuses de tomber,
On les voit quelque temps vouloir s'y dérober,
Puis chacune, cédant à l'ennemi qu'elle aime,
Reconnaître, ô Vénus, tu puissance suprême.

Les autres, qui fendaient le pur cristal des flots,
Poussent des cris soudains à l'aspect des héros
Et semblent s'indigner de l'audace indiscrète
Qui vient de leur pudeur violer la retraite.
L'une reprend le lin qui couvrait son beau corps;
L'autre, de ses appas dévoilant les trésors,
S'enfuit dans le bocage, et livre aux yeux les charmes
Que semblaient à l'amour refuser ses alarmes.
Le courroux dans les yeux, la rougeur sur le front,
Une autre au fond du lac veut cacher son affront.
Telle surprise au bain par le fils d'Aristée
Diane défendait sa pudeur irritée.
Mais l'ardent Portugais, que les feux de Vénus
Embrasent tout-à-coup de transports inconnus,
S'élance et, triomphant, saisit au sein des ondes
L'objet de ses désirs, la nymphe aux tresses blondes
Tel, au bord d'un étang qui cache en ses roseaux
Le héron, la sarcelle, hôtes ailés des eaux,
Le chien que son ardeur à les poursuivre excite,
Attendant le signal, et frissonne et s'agite :
Sous la main du chasseur qu'il suit en frémissant
A peine est incliné le tube menaçant,
Par son instinct rapide emporté vers sa proie,
Il s'élance à la nage en aboyant de joie.

Le vaillant Léonard avait jusqu'à ce jour
Reçu plus de faveurs de Mars que de l'Amour.
Ce dieu malicieux qui gouverne les belles
Semblait prendre plaisir à les rendre rebelles
Aux vœux de ce héros brûlant pour leurs appas.
Cependant à l'espoir il ne renonce pas
Et croit que tôt ou tard la reine de Cythère,
Sensible à ses tributs, lui sera moins sévère.
Il poursuivait Éphyre, Éphyre dont jamais
Nulle divinité n'égala les attraits;
La nymphe, en qui brillait cette beauté parfaite,
Pour en croître le prix, disputait sa défaite.
Lassé de la poursuivre : « Oh! lui dit le guerrier,
Toi, qui traînes mon cœur après toi tout entier,
Cesse de fuir. Hélas! une beauté si rare
Devrait-elle affecter cette rigueur barbare?
L'Amour a suspendu la course de tes sœurs;
Aux bras de leurs amants oubliant leurs frayeurs,
Au pouvoir de Cypris elles rendent hommage.
Toi seule fuis encor en cet épais bocage! (5)
Arrête, je t'en prie; et que la main du temps
Puisse arrêter ainsi la course de tes ans!
Prête à ma voix plaintive une oreille propice,
Et, de mon triste sort corrigeant l'injustice,
Romps le charme fatal qui me tient sous sa loi.
Il braverait le sceptre et les armes d'un roi;
Toutefois, ce pouvoir, mon inflexible maître,
Daigne cesser de fuir, il aura cessé d'être.
Mais envain je me flatte, et ce cœur insensé,
Que dans tes cheveux d'or tu retiens enlacé,
Te voit, lui déniant un secours légitime,
Seconder les rigueurs du tyran qui l'opprime.

Que dis-je?.. ah! le destin me serait-il plus doux?
Tes yeux n'ont plus pour moi de haine et de courroux.
Les traits brûlants d'amour ont-ils blessé ton âme?
Réponds, nymphe céleste, oh! réponds à ma flâme.
Cède aux vœux d'un amant. D'un tel bonheur certain,
Éphyre, aimé de toi, je pardonne au destin. »

Éphyre fuit encor; mais déjà de tendresse
Un sentiment soudain rallentit sa vitesse.
Elle fuit, mais tournant un œil plein de langueur
Vers l'amant qui bientôt doit être son vainqueur.
Enfin, s'abandonnant à l'ivresse nouvelle
Qui dans son jeune cœur à flots ardents ruisselle,
Palpitante, elle tombe aux bras de Léonard
En adorant Vénus qui l'attache à son char.

Que de tendres soupirs résonnent sous l'ombrage!
Que de baisers de flamme embrasent le bocage!
Que de cris de colère étouffés par l'amour!
Ile des voluptés, à ton riant séjour
Vénus de tous ses dons prodigua l'assemblage!
Qui peut de tes plaisirs représenter l'image!
Je l'essaierais envain; mais mon faible pinceau
En veut laisser du moins cet imparfait tableau.

Ainsi pour les héros les nymphes d'Amphitrite
Ont senti dans leurs cœurs cette flamme subite.
De guirlandes de fleurs, d'or et de diamants
Elles parent le front de leurs heureux amants,
Et jurent avec eux, dans leur charmante ivresse,
Éternelle alliance, éternelle tendresse.

Téthys, la plus auguste entre ces déités,
La plus éblouissante en grâces, en beautés,
Téthys parmi ses sœurs à l'empire élevée,
Est au vaillant Gama par l'amour réservée.
La majesté respire en ses traits doux et fiers;
Elle dit au héros triomphateur des mers :
« Salut, noble amiral ! Cypris à toi m'envoie
Et veut qu'à tes regards ma science déploie
Tout ce que l'Océan, et la terre et les cieux
Renferment dans leur sein de secrets merveilleux.
Héros qui de Neptune as dompté la colère,
La nature pour toi n'aura point de mystère. »

Elle dit, et, prenant le guerrier par la main,
Sur un mont où conduit un verdoyant chemin
Elle guide ses pas vers un palais magique
Qui porte au ciel son dôme immense et magnifique.
En ce lieu rayonnant d'or pur et de cristal
Luit pour les deux époux le flambeau nuptial,
Tandis que le bocage aux autres hyménées
Prête de ses abris les ombres fortunées.

Ainsi les Portugais par les soins de Cypris
De leurs travaux constants goûtaient enfin le prix.
Il est pour les vertus un salaire suprême,
Et l'île merveilleuse est le brillant emblème
Des palmes, des plaisirs, des honneurs réservés
Aux mortels courageux par le sort éprouvés.
La gloire, par les mains des belles Néréides,
Couronne de Lusus les enfants intrépides,
Et l'hymen de Téthys est l'immortel degré
Par où Gama s'élève à l'Olympe azuré.

L'antiquité plaçait au séjour du tonnerre
Les mortels généreux, bienfaiteurs de la terre,
Et dont la Renommée avait de ses cent voix
Proclamé les vertus ou les nobles exploits.
C'était par une vie aux travaux consacrée
Qu'ils avaient mérité le sublime empyrée.
Le chemin de la gloire est pénible au début;
Il est riant et doux, quand on arrive au but.
Les héros, en quittant cette vie éphémère,
Prenaient possession de la céleste sphère;
Par des efforts divins ils obtenaient les cieux
Et, d'hommes qu'ils étaient, montaient au rang des Dieux.
Le puissant Jupiter, qui gouverne le monde,
Cérès, qui rend la terre en blonds épis féconde,
Pallas, Junon, Diane, et Mercure et Phœbus,
Et le fameux Thébain, conquérant de l'Indus,
Et tous les habitants de la cour éternelle
Devaient leur origine à la race mortelle.
Mais leur nom jusqu'au ciel par la gloire porté
S'est inscrit au palais de l'immortalité,
Et la terre, adorant leurs vertus infinies,
En a fait ses héros, ses dieux et ses génies.
Vous, qui de leurs destins enviez la splendeur,
Imitez, égalez leur généreuse ardeur,
Et ne languissez pas dans ces délices viles
Qui dégradent les cœurs et les rendent serviles.
Pour conserver le vôtre en pleine liberté,
Rejetez les conseils de la cupidité;
Fuyez l'ambition, dont la noire manie
Engendre incessamment l'infâme tyrannie.
Dans l'or, dans les honneurs ce qui doit nous flatter
N'est pas de les avoir, mais de les mériter.

Contre l'iniquité de l'altière opulence
Protégez dans la paix la timide indigence,
Ou, si vous saisissez le glaive étincelant,
Allez porter la mort au Sarrazin tremblant.
Affermissez l'empire; étendez sa puissance,
Et de justes honneurs paieront votre vaillance :
Servez fidèlement et d'un zèle loyal
L'illustre souverain si cher au Portugal;
Par de sages conseils éclairez son jeune âge,
Et, signalant pour lui votre ferme courage,
Par l'immortel éclat de vos faits glorieux
Méritez le renom de vos braves aïeux.
La constance et l'audace ignorent les obstacles;
Une volonté forte enfante des miracles;
Imitez les héros, et l'île de Cypris
De vos nobles efforts vous réserve le prix.

CHANT DIXIÈME.

Déjà de Coronis le radieux amant,
Précipitant son char vers l'humide élément,
Allait plonger ses feux au flot transatlantique
Où longtemps Amphitrite a caché l'Amérique;
Le souffle du zéphir, rafraîchissant les airs,
Ridait en se jouant la surface des mers,
Et sous ses doux baisers dans la plaine embaumée
La rose relevait sa tige ranimée,
Quand Téthys, appelant en son riche palais
Les déesses de l'onde et les fiers Portugais,
Sous les lambris pompeux d'une superbe salle
Les pria de s'asseoir à sa table royale.
Ces époux, réunis par un heureux destin,
Sur des lits de cristal savourent le festin,
Et sur un trône auguste, où l'or pur étincelle,
Brille auprès de Gama son amante immortelle.
Les mets les plus exquis pour ses hôtes joyeux
Composent un banquet vraiment digne des Dieux
Et jamais Cléopâtre en ses fêtes antiques
N'égala de Téthys les pompes magnifiques.
Des vins plus parfumés et plus délicieux
Que le nectar si cher au souverain des cieux

Emplissent à longs flots la coupe enchanteresse
Qui porte dans les cœurs la riante allégresse.
L'agréable enjouement, les aimables propos,
Le combat innocent des folâtres bons mots,
La piquante saillie et les réponses vives
Animent le banquet et charment les convives.
Cependant la cithare aux ravissants accords,
Plus douce que le luth qui sur les sombres bords
Des manes étonnés suspendit les supplices,
Du céleste festin complète les délices.
Une nymphe, sirène à l'angélique voix,
Des Portugais futurs célébrant les exploits,
Mêle ses chants aux sons de cette symphonie
Dont l'écho frémissant répète l'harmonie.
Elle chante, et les vents se taisent dans les airs;
L'onde silencieuse écoute ses concerts,
Et les hôtes des bois qu'un charme heureux captive
Prêtent à ses accents une oreille attentive.

Muse de l'Épopée, il ne convient qu'à toi
De répéter ces chants trop au-dessus de moi,
Ces chants dignes d'Homère et dignes de Virgile.
Calliope, à la fin de mon travail stérile,
J'invoque ton secours; viens ranimer mon cœur
Et lui rendre un instant sa première vigueur.
Mes tristes jours s'en vont et mon feu m'abandonne;
Bientôt à mon été va succéder l'automne;
Mon génie, autrefois si fier et si hardi,
Glacé par l'infortune, hélas! s'est engourdi.
Au fleuve de l'oubli le noir chagrin m'entraîne.
Du moins, de l'Hélicon grande et sublime reine,

Viens m'aider à finir l'œuvre que mon amour
Consacre au cher pays où j'ai reçu le jour.

L'Immortelle disait : « Des bords lointains du Tage
Sur les mers dont Gama leur ouvrit le passage
Bientôt s'élanceront mille et mille vaisseaux
Qui de l'Inde captive asserviront les eaux.
Les rois, qui de Brama suivent l'idolâtrie,
Courberont sous le joug leur couronne flétrie,
Et, forcés de subir l'esclavage ou la mort,
Contre les conquérants feront un vain effort.

Je vois le prêtre-roi d'un peuple Malabare,
De la fidélité modèle auguste et rare,
Des héros Portugais valeureux allié,
Pour eux du Zamorin bravant l'inimitié,
De ses champs sans pâlir contempler le ravage
Et ses villes en proie aux horreurs du carnage.
Mais déjà de Belem sort un vaste armement
Qui porte avec orgueil sur l'humide élément
Un héros dont le nom grandira d'âge en âge.
C'est le fier Pachéco, c'est l'Achille du Tage.
Sa nef et l'Océan fléchissent sous le poids
Du guerrier dont l'Indus reconnaîtra les lois.
A peine il a touché la rive orientale,
Qu'aux Naïrs effrayés sa vengeance fatale,
Préservant de leurs coups les remparts de Cochin,
Dans l'onde ensevelit les nefs du Zamorin.
Convoqués par leur roi que la fureur possède,
Des sommets de Narzingue accourent à son aide
Le chef de Visapour et celui de Tanor.
Des murs de Calicut aux murs de Cananor,

Tout s'émeut; tout s'apprête et s'élance à la guerre,
Le Maure sur les flots, l'idolâtre sur terre.
L'un et l'autre élément en de sanglants combats
Du Zamorin vaincu voit tomber les soldats,
Et du grand Pachéco la valeur triomphante
Dans tout le Malabar a jeté l'épouvante.
L'Indien, s'obstinant à d'impuissants assauts,
Anime ses Naïrs à des combats nouveaux;
Il invoque les dieux que l'Orient adore;
Mais sa voix dans les airs se perd et s'évapore.

Le vainqueur suit le cours de ses prospérités;
Il dévaste les champs, les temples, les cités;
Tout cède à ses efforts, à son bouillant courage.
L'idolâtre frémit, et, tout brûlant de rage,
Ordonne à ses Naïrs, en deux corps divisés,
D'attaquer Pachéco par deux points opposés.
C'est d'un plus beau succès lui préparer la gloire;
En doublant son péril, on double sa victoire.
En brillant palanquin le monarque porté
Envain de ses Naïrs gourmande la fierté;
Sous la grêle d'airain autour de lui sifflante
Ils tombent expirants sur la plaine sanglante.
Vaincu dans les combats, c'est par la trahison
Que de ses ennemis il veut avoir raison.
Il infecte les eaux des fontaines limpides;
Le ciel confond encor ses projets homicides.
Mais, briguant de nouveau de plus nobles exploits,
Il arme ses guerriers pour la septième fois,
Et revient, ranimant sa valeur inutile,
Braver du Portugal l'infatigable Achille.

Il redouble de Mars les apprêts meurtriers,
Et charge ses vaisseaux d'énormes madriers
Qui doivent, secondant ses attaques nouvelles,
Des Chrétiens éperdus briser les caravelles.
Des montagnes de feu, s'avançant sur les flots,
Menacent d'embraser l'escadre du héros.
Mais le génie et l'art unis à la vaillance
Ont dispersé soudain cet appareil immense.
Non, de tous les guerriers que les champs des combats
Ont vu, le fer en main, défier le trépas,
Et pour qui la victoire a déployé ses ailes,
Nul n'a mieux mérité ses palmes immortelles.
Romains, Athéniens, de vos grands noms jaloux,
Pardonnez; mon héros vous a surpassés tous.

Tous ces grands monuments de valeur surhumaine,
Tous ces combats livrés par cent guerriers à peine
Contre les légions d'un prince redouté,
Paraîtront fabuleux à la postérité,
Ou nos neveux croiront qu'à la voix de leurs pères
Les Anges du Seigneur en ces terribles guerres
Vers les soldats chrétiens sont descendus des cieux
Et contre l'idolâtre ont combattu pour eux.
Le héros qui jadis aux plaines de l'Attique
Humilia l'orgueil du Persan despotique;
Celui qui de l'Asie affronta tout l'effort
Avec trois cents guerriers résolus à la mort;
L'intrépide Coclès, ou ce grand capitaine
Qui lassa d'Annibal la fortune incertaine,
Tous ces mortels fameux, si long-temps sans rivaux,
N'ont point des Portugais égalé les travaux. »

La nymphe, en ce moment, de douleur accablée,
A ralenti sa voix par les larmes troublée.
Déplorant un héros qui par tant de combats
N'avait pas mérité de faire des ingrats;
Elle s'écrie : « O toi, courageux Bélisaire,
Dont la gloire toujours aux Muses sera chère,
Si, martyr de l'envie et de l'iniquité,
Tu vécus dans l'exil et dans la pauvreté,
Si contre toi frémit la calomnie impure,
Viens avec Pachéco consoler ton injure.
Tous deux bons serviteurs du prince et du pays,
Vous en avez tous deux reçu le même prix.
Plus d'une fois encor par la cruelle envie
On verra la vertu lâchement poursuivie;
On verra des héros dans l'histoire immortels,
Invincibles remparts du trône et des autels,
Traînant dans le mépris une existence amère,
Expirer oubliés sur un lit de misère.
Voilà l'œuvre des rois qui n'ont point écouté
La voix de la justice et de la vérité.
Voilà l'œuvre des rois, dont l'inexpérience,
Se laissant abuser d'une fausse apparence,
Accorde aux vains discours d'un Ulysse imposteur
Le prix que d'un Ajax méritait la valeur.
Mais la vertu par eux méconnue, outragée,
D'un injuste mépris est justement vengée;
Leurs bienfaits refusés à de braves soldats
Ne doivent enrichir que des flatteurs ingrats.
Puissant Emmanuel, dont la main généreuse
Pour le seul Pachéco se montra rigoureuse,
Pour celui qui te donne un nouvel univers
N'as-tu donc rien de plus qu'un cachot et des fers?

Mais tant que le soleil versera sur le monde
Les célestes rayons de sa clarté féconde,
La terre du héros célébrera le nom
Et te reprochera son honteux abandon. »

La nymphe, reprenant ses récits prophétiques :
« J'aperçois un guerrier, digne des temps antiques,
Le fier Almeïda, le premier vice-roi
Dont le Gange soumis reconnaîtra la loi ;
Je vois son noble fils, Lorenzo, ce grand homme
Qui doit vaincre et mourir comme un héros de Rome.
Ils vont de leurs exploits étonner l'Océan,
Punir de Quiloa le perfide tyran
Et placer sur un trône, où siégeait l'imposture,
Un prince ami des lois, ami de la droiture.
L'opulente Monbaze, aux pompeux bâtiments,
Les verra consumer par des embrasements
Qui, vengeant les Chrétiens de ses noirs artifices,
En poudre réduiront ses brillants édifices.
Loin de ces murs détruits par sa vaillante main
Vers l'Inde Lorenzo s'est élancé soudain.
Les fragiles esquifs errants sur ce rivage
Vainement à ses nefs disputent le passage.
Mais du fier Zamorin les superbes vaisseaux,
S'avançant à leur tour, au loin couvrent les eaux.
A peine ils ont paru, que de l'artillerie
Sur leur masse flottante éclate la furie,
Et le bronze tonnant fait voler en éclats
Leurs cordages rompus, leurs voiles et leurs mâts.
Le hardi Lorenzo s'élance à l'abordage
Et, le glaive à la main, s'enivre de carnage.

Mais bientôt les décrets du Dieu de l'univers,
Dont les profonds desseins à nos yeux sont couverts,
L'enverront sur des bords où toute sa prudence
Et toute sa valeur resteront sans défense.
Aux rivages de Chaul, sur une ardente mer
Dont les eaux vont roulant et la flamme et le fer,
Sans que son fier courage et s'étonne et s'effraie,
Il bravera les nefs d'Égypte et de Cambaie.
Aux nombreux ennemis contre lui déchaînés,
A la fureur des flots et des vents mutinés
Il résiste, il oppose un effort héroïque.
Sortez de vos tombeaux, guerriers de l'âge antique;
Venez voir de vaillance un modèle accompli,
Que jamais n'atteindra l'injurieux oubli.
Contemplez un courage incomparable, immense,
Et d'un autre Scœva l'indomptable constance.
Sanglant et déchiré par le fer et l'airain,
Lorenzo lutte encor, le front calme et serein,
Invincible débris ! Une atteinte funeste
A mutilé son corps, mais son grand cœur lui reste.
Enfin, d'un dernier coup sentant briser ses nœuds,
Son âme triomphante a volé vers les cieux.
Monte, âme généreuse et digne de mémoire,
Au séjour de la paix, au séjour de la gloire.
De la main de ton père, ô courageux martyr,
Bientôt, pour te venger, la foudre va partir;
Elle gronde, et sa voix terrible et menaçante
A de l'Indus au Nil répandu l'épouvante.
Le voilà, ce héros, ce père infortuné!
Des traces du chagrin son front est sillonné.
Son paternel amour le sollicite aux armes;
Son cœur est plein de feu, ses yeux sont pleins de larmes.

Dans sa juste fureur, de son valeureux fils
Il dévoue à la mort les cruels ennemis.
De l'Indus et du Gange ont tressailli les ondes
Et le Nil a tremblé dans ses grottes profondes.
Comme on voit un taureau, furieux et jaloux,
Par des mugissements exhaler son courroux
Et sur le tronc noueux d'un chêne séculaire
De sa corne terrible essayer la colère;
Tel, superbe Daboul, abattant ton orgueil,
Le grand Almeïda détruit tes murs en deuil
Et vient sur leur débris aiguiser son épée
Dans le sang idolâtre incessamment trempée.
Et soudain il s'élance à des exploits nouveaux :
Diu, qu'illustreront tant de fameux assauts,
Le voit de Calicut disperser les galères.
Bientôt de Melik-Jaz les vaisseaux téméraires,
Malgré leur vaillant chef et les foudres d'airain
Que pour eux fabriqua le marteau de Vulcain,
Affrontent vainement ce héros magnanime;
Ils roulent engloutis dans le fond de l'abîme.
Mir-Hocem, à son tour, ose le défier;
A son tour il succombe; un combat meurtrier
De corps Égyptiens couvre l'onde sanglante.
Le vainqueur est plus prompt que la foudre brûlante.
Le tumulte, les cris, l'épouvante, l'horreur
De ce combat terrible attestent la fureur.
Mais hélas ! quand tu vas sur les rives du Tage
Transporter les lauriers conquis par ton courage,
O noble Almeïda, par quel destin jaloux
L'honneur t'est-il ravi d'un triomphe si doux?
Le cap, où l'ouragan t'a forcé de descendre,
A jamais gardera ta mémoire et ta cendre.

Vainqueur de l'Indien, vainqueur du Musulman,
Le grand Almeïda, le roi de l'Océan,
Sous les vils javelots d'une horde grossière
Termine obscurément sa brillante carrière.

« Quelle clarté nouvelle est-ce donc que je vois ?
Dit tout-à-coup la nymphe en élevant la voix.
Mélinde, quel éclat resplendit vers tes plages
Parmi des flots de sang, les feux et les ravages ?
C'est l'éclat d'Albuquerque et de ses étendards.
Il vient, superbe Ormus, foudroyer tes remparts.
Présomptueux Persan, ton imprudent courage
D'une honorable paix refuse l'avantage.
Mais par un bras divin tes traits sont repoussés
Et reviennent frapper ceux qui les ont lancés :
Tant le ciel s'intéresse aux guerriers dont le zèle
Combat pour établir son église éternelle !
Calayate et Gérom verront au loin leurs mers
Et leurs champs désolés de cadavres couverts,
Jusqu'au jour où, baissant leur tête assujétie
Sous la puissante main sur eux appesantie,
Les Persans à l'orgueil d'un vainqueur souverain
Cèderont en tribut les perles de Bahrein.
Que de lauriers, garants d'une immortelle gloire,
Sur le front d'Albuquerque a tressés la victoire !
Que de lauriers encor ce hardi conquérant
Dans les champs de Goa va cueillir en courant !
S'il délaisse un instant sa superbe conquête,
A la mieux ressaisir son bras déjà s'apprête.
Il revient plus terrible, et, la lance à la main,
Au milieu des périls il se fraie un chemin,

Brave le feu, le fer et les balles sifflantes
Et rompt de l'ennemi les phalanges tremblantes.
Indomptables taureaux et lions rugissants,
Ses guerriers sur ses pas s'élancent frémissants,
Et par un grand triomphe ils marquent la journée
Où Catherine aux cieux de gloire est couronnée.
Malaca, dont le port commande aux grandes mers
Qui baignent tes remparts fameux dans l'univers,
Vainement, te cachant dans le sein de l'Aurore,
Tu crois te dérober au bras vainqueur du Maure.
Le guerrier, que l'Asie admire avec effroi,
Albuquerque s'avance; obéis à sa loi.
Tes traits empoisonnés, tes instruments de guerre
Ne pourront de tes murs détourner son tonnerre,
Et le Malais timide et le fier Javanais
Malgré toi subiront le joug des Portugais. (1)

Mais Soarès paraît. Sur le golfe arabique
Flotte superbement sa bannière héroïque.
La terreur devant lui s'épand de tous côtés
Et des champs abyssins vole aux bords détestés
Qui furent le berceau du culte de Médine.
L'opulente Zeila pleure sur sa ruine,
Et, tremblante à l'aspect de ces débris épars,
L'altière Barbora frémit pour ses remparts.
L'antique Taprobane offre aux guerriers du Tage
L'arbre odoriférant, trésor de son rivage.
Colombo, Soarès à tes larges créneaux
De la Lusitanie arbore les drapeaux
Et l'insulaire apporte aux pieds d'un nouveau maître
Les parfums précieux que ses champs ont vus naître.

Aux bords Érythréens portant ses pavillons,
Siqueira les montre aux nobles régions,
Le berceau de Candace et de cette autre reine
Qui vit de Salomon la grandeur souveraine.
Arquico dans son port recevra ses vaisseaux;
Il verra, Mazua, tes arides coteaux,
Et des lointaines mers par ses nefs explorées
Il ira découvrir les îles ignorées.
Ménésès lui succède; au farouche Africain
Naguère il fit sentir son invincible main;
Moins terrible à l'Asie, il borne sa vengeance
A châtier d'Ormus l'indocile arrogance
En doublant le tribut que la vassalité
Imposait à l'orgueil de la fière cité.

Et toi, noble Gama, toi qui par ton courage
Sur ces flots inconnus te frayas un passage,
Comblé d'honneurs nouveaux, et comte et vice-roi,
A ce monde lointain tu viens donner la loi,
Quand tout-à-coup le mort, dont la main redoutable
Promène en tous les rangs sa faux impitoyable,
Te frappant au sommet de ta prospérité,
T'enlève de ce monde où tout est vanité.
Un second Ménésès dignement te remplace.
Jeune encor, mais joignant la prudence à l'audace,
Il laissera dans l'Inde aux races à venir
De son gouvernement un long ressouvenir.
Vainqueur du Malabare en d'illustres batailles,
De Coulet, de Panane il détruit les murailles;
Et marche, le front haut, le visage serein,
A travers les éclats des tonnerres d'airain.

Il fait plus, et, dans l'âge où les passions folles
De leurs transports fougueux troublent les cœurs frivoles,
Le sien, de la vertu fidèle adorateur,
Résiste, inébranlable, au vice corrupteur.
Quand de la terre au ciel son âme rappelée
Au séjour étoilé trop tôt s'est envolée,
Vaillant Mascarenhas, par des exploits nouveaux
Tu viens continuer sa gloire et ses travaux.
L'injuste ambition contre toi s'est armée,
Mais sans pouvoir flétrir ta haute renommée.
L'éclat de tes lauriers condamne ton malheur
Et fait même à l'envie admirer ta valeur.
C'est toi qui, dans un jour vengeant de longs outrages,
Des guerriers de Bintam réprimes les ravages;
Et sauves Malaca de ces peuples brigands
Contre son opulence armés depuis mille ans.
Les dards, les javelots, les flèches homicides,
Les défilés obscurs et les piéges perfides,
Les remparts et les tours, et le fer et les feux,
Rien ne peut arrêter tes pas impétueux.

Tandis que vers le Gange éclate ta grande âme,
L'altière ambition et l'avarice infâme,
Sur les bords de l'Indus levant leurs fronts hideux,
Bravent insolemment la justice et les cieux.
Victime de la haine et de la violence,
Un cachot et des fers, voilà ta récompense.
Mais ces fers n'ont flétri que ton persécuteur.
Toutefois, de ton rang l'injuste usurpateur,
Sampayo comme toi signale son courage:
Aux murs de Bacanor il porte le carnage.

Du Maure Cutial les nefs couvraient la mer;
Mais Sampayo s'élance, et, plus prompt que l'éclair,
Fond sur les ennemis ; d'épouvante frappée,
Leur flotte à son aspect soudain s'est dissipée.
Il commande : à sa voix a volé sur les flots
Hector de Sylveira, brave entre les héros;
Détruisant de Diu les escadres altières,
Qui vers les murs de Chaul déployaient leurs bannières,
Il accable du poids de ses ressentiments
Les bords d'où sont partis tous ces vains armements
Et porte aux agresseurs des coups dont la puissance
De l'Hector phrygien rappelle la vaillance.

Au brave Sampayo succède un vice-roi
Dont long-temps l'Orient doit recevoir la loi;
C'est l'illustre Nuno ; par une citadelle
Il contient de Diu l'insolence rebelle;
L'orgueilleuse Baçaim lui cède en frémissant,
Après de longs combats, ses remparts teints de sang;
Intrépide Mélik, redouté capitaine,
Fléchis sous ton vainqueur ; ta résistance est vaine.

Noronha, de Nuno le digne successeur,
Du joug de Soliman sauve par sa valeur
Les remparts de Diu dont la longue défense
D'un second Sylveira fit briller la constance.
Lorsque pour Noronha vient le moment fatal,
Son sceptre révéré, valeureux amiral,
Passe aux mains de ton fils, dont la flotte hardie
Promène la terreur sur les mers d'Arabie.
A ton généreux fils succède justement
Le vainqueur du Brésil, que l'humide élément

Vit, des forbans français châtiant les ravages,
De la riche Amérique assurer les rivages.
Sur les mers d'Orient il règne en souverain
Et l'Océan frémit sous sa puissante main.
D'une grêle de traits affrontant la tempête,
Daman, de tes remparts il a fait sa conquête.
Le roi de Calicut s'est armé contre lui;
Il vole à sa rencontre, et l'idolâtre a fui.
Répélim de la foudre envain veut se défendre
Et ses remparts fumants tombent réduits en cendre.
En puissant appareil les flots du Comorin
Ont vu se rassembler les nefs du Zamorin.
On dirait, à l'aspect de ces apprêts de guerre,
Que ce vaste armement va subjuguer la terre.
Le vice-roi paraît; soudain tous ces vaisseaux
Ont péri dévorés par les feux, par les eaux;
Le vainqueur, s'élançant des ondes écumantes,
Foule, ô Béadala, tes ruines fumantes.
Dès-lors dans l'Inde entière il n'a plus d'ennemis,
Et, dociles vassaux à son sceptre soumis,
Les peuples désormais attendent en silence
Les ordres émanés de sa toute-puissance.
Seule, Baticala, dans sa présomption,
A levé le drapeau de la rébellion;
Mais déjà son orgueil est frappé du tonnerre;
Le débris de ses murs au loin couvre la terre.
Le héros dont la foudre a brisé ses remparts,
C'est Martin de Souza, c'est le rival de Mars.

Après lui, de Castro le belliqueux génie
Guide les étendards de la Lusitanie,

Et partout la victoire attachée à ses pas
Semble le proclamer l'arbitre des combats.
Le Persan, l'Abyssin et l'Ottoman sauvage,
Vingt peuples différents de mœurs et de langage,
Contre les Portugais unissant leurs drapeaux,
Menacent de Diu les superbes créneaux;
Ils blasphêment le ciel qui des champs du prophète
A quelques étrangers a livré la conquête;
En farouches clameurs, en hurlements discords
De leurs noires fureurs exhalant les transports,
Du sang des Lusitains ces mécréants avides
Jurent d'en assouvir leurs glaives homicides.
Dans la place enfermé, le fier Mascarenhas
Avec ses compagnons se dévoue au trépas;
La baliste terrible et la bombe tonnante
Et les feux souterrains, rien ne les épouvante;
Plutôt que de se rendre ils mourront noblement;
Au ciel, à la patrie ils en font le serment.
Mais un libérateur, le grand Castro s'avance,
Précédé de ses fils, ses égaux en vaillance.
« Partez, leur a-t-il dit dans un sublime adieu,
Et mourez, s'il le faut, pour la gloire et pour Dieu. »
Fernando de la ligue au combat animée
Affronte le premier la formidable armée.
Il meurt sur un rempart défendu par son bras
Et que le soufre ardent fait voler en éclats.
Son corps roule en débris sur la poudre sanglante;
Son âme dans les cieux s'envole triomphante.
Le noble Alvar, son frère, accourt pour le venger.
De l'orageux hiver il brave le danger;
Les vaisseaux ennemis, les flots, rien ne l'arrête,
Et son jeune courage a dompté la tempête.

Castro le suit de près ; sous ce chef redouté,
Sans rival en prudence, en intrépidité,
Les guerriers portugais, terrassant l'infidèle,
Joignent à leurs lauriers une palme nouvelle :
Mémorables exploits qu'à chanter dignement
Calliope et Clio s'essaieront vainement !

De retour à Goa, Castro que rien n'effraie
Va chercher à l'instant le prince de Cambaie,
Et, vainqueur sans combat de ses efforts altiers,
Dissipe d'un regard ses nombreux cavaliers.
L'intrépide héros par des courses lointaines
Du superbe Hydalcan désole les domaines,
Épouvante Daboul d'un châtiment soudain
Et fait fléchir Ponda sous sa terrible main.

Ces héros généreux et mille autres encore,
Vainqueurs prédestinés des peuples de l'aurore,
Recevront en ces lieux le prix de leurs exploits.
C'est en suivant de Mars la belliqueuse voix,
En allant aux combats déployer leur courage,
En défiant Neptune, en affrontant l'orage,
En imposant leur joug aux flots assujettis
Qu'enfin ils parviendront au palais de Téthys
Où, préparant pour eux ses fêtes solennelles,
L'hymen leur offrira des Nymphes immortelles.
Les travaux, la constance et l'intrépidité
Conduisent à la gloire, à l'immortalité. »

La nymphe ainsi chantait d'une voix prophétique
Des guerriers de Lusus la vaillance héroïque

Et ses sœurs à ses chants joignaient avec transport
De leurs accents divins l'harmonieux accord.
« Peuple noble entre tous, qu'au gré de son caprice
La fortune te soit ou contraire ou propice,
Disaient-elles en chœur, la gloire est à jamais
Fidèle à tes vertus, fidèle à tes hauts faits. »

Abreuvés de Nectar, enivrés d'harmonie,
Les héros fortunés de la Lusitanie,
Joyeux, s'émerveillaient en ce banquet pompeux
Au tableau des destins promis à leurs neveux,
Quand, pour mettre le comble à leur vive allégresse,
Téthys à l'amiral en ces termes s'adresse :
« Magnanime guerrier, mortel chéri des Dieux,
La Sagesse suprême ici daigne à tes yeux
Révéler ce dont l'homme en sa vaine science,
Misérable et borné, n'eut jamais connaissance.
Avec tes compagnons, vers ce mont escarpé,
Où va ce grand secret t'être développé,
Viens, suis-moi. » La déesse à travers des bois sombres,
Dont nul mortel encor n'avait percé les ombres,
Guide les Portugais à pas précipités
Sur la montagne où s'offre à leurs yeux enchantés,
Dans toute la splendeur au ciel même semée,
Du feu des diamants une plaine enflammée.

De-là, dans l'étendue un globe radieux
Apparaît, déployant son cercle spacieux ;
La lumière environne et pénétre sa masse,
Et son centre est visible, ainsi que sa surface.
Quand l'ouvrier céleste, auteur de l'univers,
De sa puissante main le lança dans les airs,

Quels sont les éléments dont il le fit éclore?
Nul jamais ne l'a su; Téthys même l'ignore.
Mais sur un centre unique aisément on peut voir
Mille globes divers dans son sein se mouvoir.
Que leur rotation les hausse ou les abaisse,
L'orbe qui les enferme est le même sans cesse;
Et, sous le même aspect partout s'offrant aux yeux,
En tous lieux il commence et finit en tous lieux.
Uniforme, parfait, il se soutient lui-même,
Pareil à l'archétype éternel et suprême.
Le héros le contemple avec étonnement.
La déesse lui dit : « Tu vois en ce moment
Dans ce globe une image et l'abrégé du monde.
La route que tu suis sur les gouffres de l'onde,
Les bords que vos vaisseaux ont déjà visités,
Ceux qu'ils verront encore y sont représentés.

D'abord, de l'univers avec moi considère
L'édifice éthéré, l'essence élémentaire,
Telle qu'elle émana de l'ouvrier divin
Qui, sans commencement, doit être aussi sans fin.
Ce qui de toutes parts de rayons purs embrasse
De ce globe parfait l'éclatante surface,
C'est Dieu : mais quel est-il? sous des voiles épais,
Que les regards humains ne perceront jamais,
Il se dérobe à nous; son être est un mystère,
Abîme impénétrable aux enfants de la terre.

Cet orbe principal dont roulent entourés
Les orbes plus petits de ses feux éclairés
Et d'où tu vois jaillir des torrents de lumière
Dont l'éclat éblouit ta mortelle paupière,

C'est l'Empyrée, où Dieu donne aux élus du ciel
Les transports d'un bonheur ineffable, éternel,
Dont la divine extase ici-bas ignorée
Ne peut se concevoir qu'à sa source sacrée.
Les véritables Dieux habitent ce séjour.
Ceux qui de Jupiter jadis formaient la cour
N'étaient rien que des Dieux fabuleux, fantastiques,
Imaginations et rêves poétiques,
Et dont l'homme, essayant l'art séduisant des vers,
Amusa ses loisirs et peupla l'univers.
Sous cette Providence éternelle et suprême,
Dont Jupiter n'était qu'un poétique emblême,
D'innombrables esprits, active légion,
De ce vaste univers dirigent l'action.
Homère en fit des Dieux. Mais le Dieu véritable,
C'est celui qui créa l'assemblage admirable
De ces corps qui, suivant l'ordre qu'il a dicté,
Rayonnent dans l'espace et dans l'immensité.

Au-dessous de cet orbe, immobile demeure
Où des heureux élus les âmes à toute heure
S'enivrent du torrent de leur félicité,
Roule un globe, emportant d'un cours précipité
De tous les autres corps la foule obéissante,
Et donnant au soleil cette marche constante
Qui marque à chacun deux, dans son rapide tour,
L'intervalle changeant de la nuit et du jour.
Sous cet orbe, du monde éternel véhicule,
Un globe de cristal péniblement circule;
Tandis qu'il fait un pas, deux cents fois dans les cieux
Le soleil a décrit son cercle radieux.

Plus bas, du firmament la splendeur se déroule.
Elle étale à tes yeux cette innombrable foule
De globes qui, suivant leur cours accoutumé,
Tournent étincelants sur leur axe enflammé.

Vois cette écharpe d'or, éclatante ceinture
Où de douze animaux rayonne la figure
Et dont les douze parts sont les brillants séjours
Que Phœbus tous les ans visite dans son cours.
Vois dans ce champ d'azur superbement semée
Des constellations l'éblouissante armée.
Contemple Calisto que suit le jeune Arcas,
Le Dragon, que d'Alcide a terrassé le bras,
La belle Cassiope, Andromède et son père,
Orion, dont le front respire la colère,
Le Cygne qui, mourant, exhale vers les cieux
De ses derniers soupirs le chant harmonieux,
Le Vaisseau qui ravit la toison de Colchide,
Et la Lyre d'Orphée, et le Lièvre rapide.
De ce grand firmament dans les champs de l'Éther
La voûte voit rouler Saturne et Jupiter,
Mars, le Dieu des combats, Phœbus qui sur le monde
Épanche les bienfaits de sa clarté féconde,
Vénus qui sur ses pas traîne le dieu d'amour,
Mercure, messager de la céleste cour,
Diane qui, changeant de nom et de visage,
Est Phœbé dans les cieux, Hécate au noir rivage.

Ces corps (ainsi le veut l'auteur de l'univers),
Ces globes différents marchent d'un pas divers.
Les uns sont emportés d'un mouvement rapide ;
Les autres lentement cheminent dans le vide ;

La terre au milieu d'eux s'étend avec la mer (2);
A l'entour vont roulant le feu, les vents et l'air.
Le genre humain l'habite, infatigable race,
Qui, parmi les périls signalant son audace,
Va loin du continent sur l'abîme des eaux
Chercher des ennemis et des combats nouveaux.
Aisément tu peux voir les diverses contrées
Que des flots orageux l'espace a séparées.
Chacun de ces climats a ses peuples, ses rois,
Ses usages, ses mœurs, et ses antiques lois.

Vois l'Europe chrétienne en grands hommes féconde.
Les arts et la valeur la font reine du monde.
Vois l'Afrique s'étendre en arides déserts ;
Cérès a fui ses champs par les sables couverts.
Reconnais vers le sud l'immense promontoire,
Le cap d'Adamastor, où vivra ta mémoire ;
Il termine un climat dont le progrès des temps
N'a point encor poli les rudes habitants.
Du Monomotapa voici le vaste empire ;
Gonzale y cueillera la palme du martyre.
La nature en silence y forme ce métal,
De vos vœux insensés l'objet le plus fatal.
Elle y creusa ce lac dont les sources profondes
Du Coama, du Nil alimentent les ondes.

Sous le chaume indigent le Nègre dort en paix ;
Son toit hospitalier ne se ferme jamais ;
L'équité de ses chefs et la foi de ses frères
Protégent ses foyers, à défaut de barrières.
Vois ces groupes errants, pareils aux noirs corbeaux :
Un jour, de Sofala défendant les créneaux,

Nhaya fera sentir à ces hordes sauvages
La vigueur de son bras vengeur de leurs ravages.
Vois là la source où long-temps le Nil majestueux
Cacha son origine aux regards curieux;
Il arrose les champs des Abyssins fidèles,
Qui suivent de Jésus les routes éternelles,
Et qui, sans se couvrir d'inexpugnables murs,
Du joug des étrangers sont toujours restés purs.
De ton généreux fils contre le Turc impie
La valeur défendra le roi d'Ethiopie;
Sa gloire brillera dans ce climat lointain.
Mais hélas! peut-on fuir les arrêts du destin?...

Regarde ici Mélinde où l'appareil des fêtes
Reposa tes guerriers du fracas des tempêtes.
Là, le fleuve Raptus, aux cours impétueux,
Baigne de Quilmancé les remparts fastueux.
Vois la fameuse mer où le corail abonde
Et qui de ses couleurs semble rougir son onde.
Vois au dernier rivage où vont mourir ses flots
L'antique Arsinoé, la *Ville des Héros*;
Sous le nom de Suez aujourd'hui florissante,
Elle reçoit les nefs de l'Égypte puissante
Et domine les eaux où jadis aux Hébreux
Le grand Moïse ouvrit un chemin merveilleux.

Là, commencent l'Asie et ses vastes domaines
Où règnent fièrement cent cités souveraines.
Voici le Sinaï qui lève avec orgueil
Son sommet où repose un illustre cercueil;
Plus loin, Tor et Jedda, dont les brûlantes plaines
Ne s'abreuvent jamais du flot pur des fontaines,

Et les rochers d'Arzire arides, dévorants,
Qui de l'onde céleste absorbent les torrents.
Vois de l'Arabe errant les hordes indociles
Parcourir du désert les sables infertiles;
Ardents comme l'éclair, leurs coursiers belliqueux
Devanceraient l'essor des aquilons fougueux.
Vois Dofar enrichi des parfums les plus rares.
Non loin de Rosalgate et de ses champs avares,
Le royaume d'Ormus s'étend le long des mers
Qui, des Turcs éperdus contemplant les revers,
Du fier Castel-Branco, terreur des infidèles,
Verront le glaive nu darder ses étincelles.
Vois le cap Moçandon, l'antique Asaboros.
Il domine l'abord du golfe dont les flots
Séparent les Persans du peuple Ismaélite.
Regarde Baharem qu'environne Amphitrite
Et la mer à la fois de deux fleuves rivaux,
Du Tigre et de l'Euphrate, engloutissant les eaux.
Considère la Perse et sa cavalerie
Qui dédaigne l'Europe et son artillerie,
Ne s'arme que du glaive et ne sait employer
Contre ses ennemis que l'audace et l'acier.
Vois l'île de Gérom dont l'opulent rivage
A recueilli d'Ormuz le nom et l'héritage.
C'est ainsi que le temps, maître des potentats,
Change, élève, détruit, relève les états.
Sur ces bords Ménésès se couvrira de gloire;
Là, quelques Portugais, d'éternelle mémoire,
Dans un sanglant combat fatal aux Musulmans
Abattront sous leurs coups des milliers d'Ottomans.
Là, le vaillant Souza, le destructeur d'Ampaze,
Se livrant en héros à l'ardeur qui l'embrase,

CHANT X.

Intrépide soutien de la cause des cieux,
Portera l'épouvante au Turc audacieux.

Mais du golfe Persique et des flots de Carpelle
Volons aux bords fameux où l'Indus nous appelle.
De ces superbes monts vers le ciel élancés
Vois ce fleuve pompeux descendre à flots pressés
Et des sommets voisins où bouillonne sa source
Le Gange impétueux précipiter sa course.
Vois la riante Ulcinde et ses riches moissons
Et mille autres cités dont je tairai les noms
Et qui toutes, cédant à votre heureux génie,
Reconnaîtront les lois de la Lusitanie.
Dirige tes regards vers ce pays lointain
Que termine au midi le cap de Comorin.
Bientôt du Portugal les guerriers intrépides
Étendront sur ces bords leurs conquêtes rapides.
Vois ces peuples divers dont le Gange et l'Indus
Abreuvent dans leur cours les nombreuses tribus
Et qu'avec Mahomet, l'imposteur de Médine,
Partage de Brama l'idolâtre doctrine.
Vois les murs de Golconde et de Méliapor [3],
L'opulente Narzingue, Orixa, Balassor,
Et les fertiles champs que Chatigan domine,
Les peuples de Pégu dont l'infâme origine
Se reconnaît encore aux penchants monstrueux
Qu'une bizarre loi n'a pas éloignés d'eux,
Les murs de Tavaï s'élevant près des plaines
Où du roi de Siam commencent les domaines,
Ceux de Tenasserim, et le bord renommé
Qui produit du piment l'aromate enflammé.

Plus loin, sur Malaca que ton regard s'arrête;
Elle est du Portugal la plus belle conquête
Et deviendra sous vous, étonnant l'univers,
L'entrepôt du commerce et la reine des mers.
Sumatra, de ses bords aujourd'hui séparée,
Avec elle autrefois ne fit qu'une contrée
Que, d'un puissant effort, vint partager en deux
Du terrible Océan le flot victorieux.
Son rivage célèbre en ses mines recèle
De merveilleux amas de richesse éternelle.
Elle fut des anciens la Chersonèse d'or,
Ou peut-être l'Ophir, que dans leur vaste essor
Visitaient les vaisseaux du roi qui dans Solyme
Éleva du Seigneur la demeure sublime.
Contemple Cingapour au fond de ce détroit
Qui présente aux nochers un chemin plus étroit
Et qui, paraissant fuir l'astre de Cynosure,
Dirige à l'orient son immense courbure.
Contemple les états de Pahang, de Patam,
Les empires vassaux du sceptre de Siam.
Enfant du Chamaï, le Ména de ses ondes
Prodigue le tribut à leurs plaines fécondes.
Vois ces lointains climats remplis de nations
Dont l'univers encor sait à peine les noms,
Les Laos, orgueilleux de leurs vastes campagnes,
Les Avans, les Bramas, habitants des montagnes,
Les affreux Guéos, dont le peuple inhumain
Se fait du sang de l'homme un barbare festin,
Et qui, d'un fer ardent s'imprimant les blessures,
Se parsème le corps de bizarres figures.

CHANT X.

Camboge voit couler au pied de ses côteaux
Le rapide Mécom, le souverain des eaux,
Dont le flot, en été, d'innombrables rivières
Se gonfle et, de ses bords franchissant les barrières,
Roule comme le Nil ses torrents débordés
Et porte au loin l'effroi dans les champs inondés.
O fleuve hospitalier, ta rive protectrice,
A l'enfant du malheur, à l'exilé propice,
Un jour le recevra, du flot amer trempé;
Après mille périls au naufrage échappé,
Heureux d'avoir sauvé l'œuvre de son génie,
Le trésor de sa muse indigente et bannie! (4)

J'aperçois Ciampa dont les bois renommés
Lèvent pompeusement leurs rameaux embaumés;
Du Thibet, du Tunquin la contrée opulente;
Et, des climats du nord à la zône brûlante,
La Chine déployant ses fertiles sillons
Que parent à l'envi de superbes moissons.
Vois la grande muraille étendue autour d'elle,
Contre ses ennemis sa barrière éternelle,
Monument qui des rois de cet état fameux
Redira la puissance à leurs derniers neveux.
Là, le prince au hasard ne doit point la couronne;
C'est, après la vertu, le peuple qui la donne.

Par delà ces pays sous tes yeux étalés
Il est d'autres pays encor plus reculés.
En attendant le jour où doivent apparaître
Ces lieux que je ne puis te faire ici connaître,
Considère à leur tour ces îles dont les cieux
Ont embelli les bords de dons si précieux.

Regarde le Japon dont les riches collines
Recèlent d'argent pur d'inépuisables mines
Et que la sainte foi, dont tu suis le chemin,
Doit éclairer un jour de son flambeau divin.
Dans ces îles sans nombre à l'orient semées
Vois Tidor et Ternate aux cimes enflammées.
Vois le géroflier de boutons se couvrir ;
Au prix de votre sang vous l'irez conquérir.
Regarde ces oiseaux, bien-aimés de l'aurore,
Qui, suivant dans les cieux le soleil qui les dore,
Sur la terre jamais ne souillent leurs habits
Étincelants d'azur, de pourpre et de rubis.

Les îles de Banda s'offrent coloriées
De leurs fruits éclatants aux teintes variées
Et du brillant essaim de leurs oiseaux divers
Qui vont pillant la noix de leurs muscadiers verts.
Bornéo, des trésors dont ton enceinte abonde
Les pleurs du camphrier sont la source féconde.
Timor s'enorgueillit de ses bois précieux.
L'île, dont une part se dérobe à tes yeux
Et qui vers le midi s'allonge et se dirige,
La Sonde, en ses déserts qu'étonne un tel prodige,
Cache, s'il faut en croire un merveilleux récit,
Une source où le bois en pierre se durcit.
Regarde Sumatra ; ses montagnes fumantes
Ont aussi leurs volcans et leurs laves brûlantes ;
L'huile de ses rochers coule à flots onctueux ;
Ses arbres vont pleurant un parfum résineux,
Plus doux, plus embaumé que l'encens et la myrrhe,
Richesses des climats où commanda Cynire.

La soie à ses tissus donne un moëlleux satin
Et l'or en longs ruisseaux serpente dans son sein.
Vois le front sourcilleux des monts de Taprobane
Où le peuple révère, en son zèle profane,
Le vestige sacré d'un pied mystérieux
Empreint sur le sommet le plus voisin des cieux.
Vois s'élancer des eaux, près des îles Maldives,
Le cocotier superbe, ornement de leurs rives,
Avec sa large feuille et son fruit bienfaisant,
Des plus subtils venins antidote puissant.

De ces lointains pays vers le golfe Arabique
Ramène tes regards sur les îles d'Afrique.
Ces côtes où Téthys jette l'ambre odorant,
Depuis Zocotora jusques à Saint-Laurent,
Toutes ces grandes mers au sablonneux rivage
Verront leurs flots soumis aux fiers guerriers du Tage.
Descendants de Lusus, peuple noble et vaillant,
Ainsi vous ouvrirez les portes d'orient,
Et votre heureuse audace, en grands exploits féconde,
Ainsi reculera les limites du monde.
Mais connaissez encor ce fameux Portugais
Qui, du roi Castillan secondant les projets,
Cherche à travers les flots de nouvelles contrées
Et s'ouvre à l'occident des routes ignorées.
Voyez ce continent qu'à l'antique univers
Cachait naguère encor l'immensité des mers.
Son sein resplendissant de métaux étincelle.
Région merveilleuse ! on dirait que sur elle
L'astre des jours, du haut de son char lumineux,
Se plut à secouer l'or de ses blonds cheveux.

Cent peuples différents habitent ses rivages ;
Chacun d'eux a ses lois, son culte et ses usages.
La main des Espagnols, vos illustres rivaux,
Imposera le frein à ces peuples nouveaux.
Vous n'êtes point exclus de ce brillant domaine.
Aux lieux où s'élargit cette plage lointaine,
Où la pourpre reluit sous l'écorce des bois,
Cabral ira planter l'étendard de la croix.
Après lui, Magellan, des nobles fils du Tage
Abjurant l'étendard, mais non pas le courage,
Osera visiter la terre des Géants,
D'où, bravant de nouveau l'effort des ouragans,
A travers le détroit, dont le nom d'âge en âge
Atteste son audace et marque son passage,
Il prendra son essor vers la lointaine mer
Que d'une aîle de glace enveloppe l'Auster.

Maintenant vous savez, Portugais magnanimes,
Par quels travaux hardis, par quels exploits sublimes
Les guerriers qui suivront vos exemples heureux
Dans la postérité rendront leurs noms fameux.
C'est en persévérant dans ces nobles doctrines
Que vous mériterez vos épouses divines
Et les brillants lauriers qu'au terme du chemin
Prépare à votre front leur immortelle main.
Partez, il en est temps ; aux remparts de Lisbonne
Allez de vos vertus recevoir la couronne ;
Tout vous sourit, le ciel, le zéphir et les flots ;
Le Tage vous appelle ; il attend ses héros. »

Ainsi parle Téthys. Soudain vers le rivage
L'amiral s'achemine avec son équipage,

Et l'île de ses champs prodigue les trésors
Aux enfants de Lusus prêts à quitter ses bords.
Avec eux au départ leurs épouses charmantes
S'empressent, leur jurant, immortelles amantes,
De partager leur sort même au-delà des temps
Où Phœbus éteindra ses rayons éclatants.
Ils s'élancent; le ciel est pur et sans menace;
Au souffle du zéphir ils volent dans l'espace,
Et de leur beau pays, doux objet de leurs vœux,
Les rivages enfin se montrent à leurs yeux.
Ils ont revu le Tage et son onde chérie,
Et, modestes guerriers, à leur noble patrie,
Au roi qu'elle révère ils se hâtent d'offrir
L'honneur que leurs exploits viennent de conquérir.

Assez, ô Muse, assez. Suspends ton harmonie.
Ma lyre est détendue et ma tâche est finie;
Ma voix n'a plus d'accords. Pour qui chanter? hélas!
Pour des barbares sourds, pour un peuple d'ingrats.
Mon pays est couvert d'un voile de tristesse.
Les arts sont impuissants à flatter sa rudesse.
Sombre, silencieux, l'avare Portugais
Au seul amour de l'or se livre désormais.
Quelle fatalité, dégradant son courage,
Même au sein de la paix bannit de son visage
Cet air de fierté noble et de sérénité
Que dans les champs de Mars il a toujours porté!
Et cependant, ô roi qu'à la Lusitanie
Accorda du Très-Haut la clémence infinie,
Est-il dans l'Univers un peuple qui jamais
Ait en gloire, en vertus surpassé tes sujets?

Vois comme de fatigue et de dangers avides,
S'élançant aux combats en lions intrépides,
Ils bravent les travaux, les veilles et la faim,
Et le fer et la flamme, et les foudres d'airain,
Et les glaces du pôle, et les feux du tropique,
Le Maure et l'Idolâtre, et l'Asie et l'Afrique,
Et sur la profondeur de tant de vastes mers
Des périls inconnus à l'antique univers.
Quelque part que ton ordre au combat les envoie,
Heureux de te complaire, ils partent avec joie.
Ces héros, animés d'un regard de leur roi,
Aux gouffres infernaux descendraient sans effroi,
Iraient, de Satan même affrontant la puissance,
Soumettre le Tartare à ton obéissance.
Que ta bonté du moins honore leurs exploits ;
Qu'elle mêle son charme aux rigoureuses lois
Dont la Lusitanie et gémit et s'étonne.
L'humanité des rois consacre leur couronne.
Laisse à nos vieux guerriers guider tes jeunes ans ;
Consulte leur sagesse ; elle est le fruit du temps ;
Elle t'éclairera par ses avis propices.
Donne-leur récompense aux talents, aux services ;
Mais de tous tes sujets restreins l'ambition
Aux devoirs, aux vertus de leur condition.
Que les religieux du fond du monastère
Au Très-Haut pour ton règne adressent leur prière ;
Que leurs jeûnes pieux et leurs austérités
Rachètent nos erreurs et nos iniquités.
Le véritable enfant du cloître et de l'Eglise,
Insensible aux grandeurs, les fuit et les méprise ;
De la gloire et de l'or l'éclat fallacieux
Ne touche point son cœur ; il n'aspire qu'aux cieux.

Élève la noblesse et la chevalerie.
C'est au prix de leur sang offert à la patrie
Que nos preux, combattant pour leur Dieu, pour leur roi,
Ont agrandi l'empire et propagé la foi.
A ta voix s'élançant aux bornes de la terre,
Ils vont du Musulman briser le cimeterre.
Qu'enfin l'Italien, l'Allemand, le Gaulois,
Qui de tes Portugais admirent les exploits,
Ne leur contestent plus désormais la science
De régir les états conquis par leur vaillance.
N'appelle à tes conseils que de sages esprits
Instruits par la pratique et par l'âge mûris.
Annibal se moqua d'un savant téméraire
Qui traitait devant lui des règles de la guerre.
Dans un livre, en effet, cet art ne s'apprend pas.
Les camps furent toujours l'école des combats.
C'est là que le guerrier va préparer sa gloire
Et, la lance à la main, s'instruire à la victoire.
Mais de quel droit osé-je élever, ô mon roi,
Mes accents jusqu'au trône et m'adresser à toi
Dont ma muse, en tout temps obscure et délaissée,
N'eut jamais un regard, jamais une pensée?
Et cependant, ô roi, tout obscur que je suis,
Je puis servir encor ta gloire; oui, je le puis!
Je puis te consacrer mon bras et mon génie.
Mon bras est plein de force et ma voix d'harmonie.
Mais ton jugement seul peut leur donner du prix
Et j'ai besoin de toi pour être enfin compris.
Daigne, daigne au poète accorder ton suffrage,
Et si, comme en tes yeux j'en vois le sûr présage,
Tu veux par quelque exploit digne d'être chanté
Éterniser ton nom dans la postérité,

Soit qu'Atlas, à ta vue agité d'épouvante,
Tressaille, frémissant sur sa base mouvante,
Soit que de ton courage impétueux, ardent,
L'essor fasse trembler Maroc et Tarudant,
Mon luth, enorgueilli de ta royale estime,
O nouvel Alexandre, ô prince magnanime,
Publîra tes hauts faits, et tu ne diras pas
Qu'un Homère a manqué pour chanter tes combats.

FIN.

NOTES.

NOTES

DU CHANT PREMIER.

(1) Camoëns fait descendre les Lusitaniens de Lusus, qu'il suppose avoir été le compagnon ou le fils de Bacchus. Des historiens font dériver leur nom de celui d'un peuple celte, les *Lusones* ou *Lusi*, qui, après s'être mêlé aux Ibériens, aurait fait irruption dans le pays appelé depuis *Lusitanie*. Ces étymologies sont également douteuses; mais la première, comme la plus poétique, devait être adoptée par Camoëns.

(2) On a retranché de cette allocution trop longue au roi Sébastien l'octave suivante qui en ralentissait particulièrement le mouvement :

> Jeune et digne rameau d'un arbre révéré,
> Qui des regards du Christ n'est pas moins honoré
> Que celui des Césars de Rome ou de Byzance,
> Ou l'arbre très-chrétien des monarques de France;
> Témoin cet écusson qui retrace à nos yeux
> La gloire du premier de tes nobles aïeux,
> Lorsque, s'armant pour lui de la croix triomphante,
> Le Christ à l'infidèle envoya l'épouvante.

Ce passage fait allusion à l'apparition miraculeuse qui précéda pour Alphonse I, comte de Portugal, la bataille d'Ourique. Avant le combat, il aperçut, dit-on, dans les airs une croix lumineuse, et crut voir le Dieu des chrétiens qui lui promettait la victoire et le titre de roi.

(3) Jean III, aïeul paternel de Sébastien, et Charles-Quint, son aïeul maternel.

(4) « Camoëns finit presque tous ses chants par d'éloquentes moralités. Le lecteur remarquera particulièrement celles qui terminent les ve, vi^e et ixe chants. C'est là que, s'élevant à toute la hauteur d'une philosophie grande et forte, il ramène la poésie à son but primitif, celui d'instruire les hommes à la vertu. Le poëte s'abandonne alors à toute la chaleur de son âme, et s'efforce d'exciter dans le cœur de ses compatriotes les nobles sentiments dont il est lui-même pénétré. Quelques personnes ont regardé ce mérite comme un défaut. Elles voudraient bannir du poëme épique les réflexions du poëte; mais Camoëns les introduit rarement dans le cours de ses narrations; il les réserve pour la fin. Les personnages disparaissent un moment, et le poète, se mettant à leur place, parle comme le chœur dans les anciennes tragédies grecques. « Le chœur, dit Marmontel, fait partie des mœurs de la tragédie ancienne; les réflexions et les sentiments font partie des mœurs de l'épopée. » (Note de Millié.)

NOTES

DU CHANT DEUXIÈME.

(1) Bacchus, dressant un autel chrétien, y plaçant la représentation du Saint-Esprit, des douze Apôtres, de la

vierge Marie, etc., et faisant fumer l'encens en l'honneur du vrai Dieu, forme, nous en conviendrons, une fiction bizarre. Des admirateurs enthousiastes du Camoëns ont essayé de la justifier; mais le bon goût l'admettra difficilement.

(2) La Harpe, en général très-sévère pour le Camoëns, avoue qu'on ne *peut s'empêcher de trouver ce morceau plein d'une imagination poétique*, et M. de Souza y voit *une fiction neuve et charmante qui annonce, comme tant d'autres, que le génie d'invention était loin de manquer à l'auteur.*

(3) Selon M. de Souza, « le portrait de la déesse, ainsi que son discours au maître des dieux, sont d'une beauté d'images, d'une harmonie de versification et d'une chaleur de style telles que le Tasse lui-même ne l'a point égalé dans le portrait de son Armide. » Il ne nous appartient pas de décider si le Camoëns est, dans ce passage, supérieur au Tasse, comme le prétend le critique ou plutôt le panégyriste portugais. Nous nous bornerons à dire que le Tasse semble, en effet, avoir tiré de ce même passage quelques traits de son Armide, mais qu'il y a joint aussi d'autres détails très-gracieux et qui lui sont propres. Millié fait observer avec justesse que, lorsque les Portugais ont déclaré que le Tasse était resté au-dessous de son modèle, « ils n'avaient pas assez remarqué peut-être que les différences qui existent entre les deux tableaux tiennent à la nature même du sujet. Le portrait d'Armide a plus de grâce et de coquetterie; celui de Vénus, plus de force et d'éclat. Le Tasse a représenté la plus séduisante des mortelles; Camoëns a peint une déesse », et son tableau est tracé, dit Sismondi, « avec une grâce, une mollesse, une volupté que ne surpassent point les poètes pour qui le culte de Vénus faisait partie de la religion. »

(4) L'idée première de la démarche de Vénus auprès de Jupiter et de la prédiction par laquelle il lui répond est empruntée à l'Énéide, livre I :

> Olli subridens hominum sator atque Deorum,
> Vultu quo cœlum tempestatesque serenat,
> Oscula libavit natæ; dehinc talia fatur :
> Parce metu, Cytherea ; manent immota tuorum
> Fata tibi, etc.

Il est à regretter que le Camoëns ait gâté cette expression douce et délicate, *oscula libavit natæ*, par une paraphrase qui exprime un autre sentiment que le pur amour d'un père, et surtout par ce trait de mauvais goût que nous ne nous sommes pas piqués de traduire :

> De modo que dalli, se só se achára,
> Outro novo Cupido se gerára.

(5) Gama, retournant aux Indes, en 1524, avec la qualité de vice-roi, fut surpris par un calme, au milieu duquel un mouvement extraordinaire, qui s'explique par l'effet d'un tremblement de terre sous-marin, parut tout-à-coup agiter la mer. Les matelots étaient frappés d'étonnement et de frayeur. *Que craignez-vous ?* leur dit l'amiral. *Ne voyez-vous pas que la mer tremble sous ses maîtres ?*

(6) Le texte porte : *Vereis o mar roxo tornar-se-lhe amarello de enfiado, Tu verras la mer rouge devenir jaune de crainte.* Ces traits de mauvais goût, fréquents dans la litérature du XVIe siècle, sont rares dans le Camoëns.

(7) On a abrégé à dessein dans la traduction deux octaves qui ont paru faibles et dont les détails ont peu d'intérêt :

> Tinha huma volta dado o sol ardente,
> E n' outra começava, quando viram

Ao longe dous navios, brandamente
Co' os ventos navegando, que respiram :
Porque haviam de ser da Maura gente,
Para elles arribando, as velas viram :
Hum de temor do mal que arreceava,
Por se salvar a gente, à costa dava.

Nao he o outro que fica tao manhoso ;
Mas nas maos vai cahir do Lusitano,
Sem o rigor de Marte furioso,
Et sem a furia horrenda de Vulcano :
Que como fosse debil e medroso
Da pouca gente o fraco peito humano,
Nao teve resistencia ; e se a tivera,
Mais damno resistindo recebera.

« Déjà le soleil ardent avait achevé une fois son tour, et il le recommençait, quand on aperçut au loin deux navires voguant doucement au souffle du vent. Comme ils devaient être montés par des Maures, les Portugais virent de bord sur-le-champ pour arriver sur eux. L'un d'eux, par crainte du mal qu'il redoutait, se jette à la côte pour sauver son équipage ; l'autre est moins adroit ; mais il va tomber aux mains des Lusitaniens, sans provoquer la colère terrible de Mars et l'effroyable fureur de Vulcain. Les hommes qui le montaient, étant faibles et timides par suite de leur petit nombre, ne firent pas de résistance, et s'ils en avaient fait, ils se seraient attiré de plus grands maux. »

On a cru pouvoir modifier ce passage languissant qui ralentissait la narration.

(8) Camoëns nous paraît avoir déployé dans la description du costume maure et portugais une grande richesse de poésie.

(9) Osorius (*De rebus Emmanuelis*) représente le prince

de Mélinde comme n'ayant rien d'un barbare et comme tout-à-fait digne du trône par son esprit et par sa sagesse : *In omni sermone princeps ille non hominis barbari specimen dabat, sed ingenium et prudentiam eo loco dignam præ se ferebat.* Les panégyristes du Camoëns en ont conclu que l'instruction que supposent en ce prince les discours que le poète lui prête et plusieurs passages du récit que Gama lui expose dans les chants suivants, n'excède pas la vraisemblance. Je n'en ai pas moins cru devoir supprimer, à la fin du second chant, ce passage où le roi de Mélinde, quelque instruit qu'on le suppose, étale au moins mal à propos ses connaissances historiques ou mythologiques :

Jadis les fiers Titans, escaladant les cieux,
Dans le brillant Olympe ont assiégé les Dieux;
Pirithoüs, Thésée, affrontant le Tartare,
Sont descendus vivants aux gouffres du Ténare;
Comme un trait de valeur si la terre a vanté
Le sacrilége effort de leur témérité,
Défier le courroux d'Éole et de Neptune
N'est pas non plus l'effet d'une audace commune.
Un insensé brûla, pour se créer un nom,
Le temple de Diane, œuvre de Ctésiphon,
Et ce forfait impie, où la démence éclate,
Dans les siècles futurs éternise Érostrate.]
Si le crime conduit à la célébrité,
Les vertus ont aussi leur immortalité.
A toi, pour tes hauts faits, si dignes de mémoire,
A toi, vaillant héros, une éternelle gloire!

NOTES

DU CHANT TROISIÈME.

(1) « Le roi de Mélinde montra pour les entreprises des Européens une curiosité dont Camoëns a tiré parti pour lui faire adresser par Gama un long récit non seulement de sa navigation antérieure, mais de toute l'histoire de sa patrie. Ce récit, qui fait à lui seul à peu près le tiers du poëme, et qui, dans le plan du Camoëns, en est peut-être la partie la plus importante, est bien moins naturel que celui d'Ulysse aux Phéaciens, ou d'Énée à Didon, qui lui ont servi de modèle.... Mais, considéré en lui-même, il est presque toujours un modèle de narration. » (Sismondi.)

(2) L'auteur a peut-être eu tort d'interrompre une belle description géographique par cette réflexion un peu froide qu'on a cru devoir rejeter dans les notes :

Mais que l'esprit de l'homme est sujet à l'erreur!
Ceux qui, des temps passés sondant la profondeur,
Cherchaient du genre humain la première patrie,
Devaient interroger les champs de l'Assyrie.

(3) C'est par erreur que le Camoëns attribue une origine hongroise au comte Henri. Il est constant qu'il était petit-fils du duc Robert de Bourgogne, frère du roi de France Henri I.

(4) Suivent des réflexions déclamatoires que j'ai retranchées de la narration :

De Jason, de Térée épouses sanguinaires,
Qui, vous abandonnant à d'aveugles colères,

Vengiez sur vos enfants le tort de vos époux,
Thérèse était encor plus coupable que vous.
L'emportement des sens et la soif de l'empire
Agitaient son esprit de leur double délire;
Mais, quand par toi Nisus était privé du jour,
Scylla, ton seul délire était ton fol amour.

(5) On ne s'étonnera pas que j'aie retranché le passage suivant :

> E nestes cinco escudos pinta os trinta
> Dinheiros por que Deos fora vendido,
> Escrevendo a memoria em varia tinta
> Daquelle de quem foi favorecido.
> Em cada hum dos cinco, cinco pinta,
> Porque assi fica o numero cumprido,
> Contando duas vezes o do meio
> Dos cinco azues, que em cruz pintando veio.

« Sur ces cinq écussons il peint les trente deniers pour lesquels le Seigneur fut vendu, retraçant en couleurs diverses le souvenir du Dieu qui favorisa ses armes. En chacun de ces cinq écussons il représente cinq deniers, et l'on arrive au nombre de trente, en comptant deux fois l'écusson du milieu parmi ces cinq disques d'azur disposés de manière à former une croix. »

J'ai dû renoncer à traduire ces détails héraldiques qui ne prêtent nullement à la poésie.

(6) L'auteur justifie cette assertion générale par des exemples :

> Como co' a mai de Nino já mostraram,
> E co' os irmaos que Roma edificaram.

« Ainsi que cela se vit jadis à l'égard de la mère de Ninus et de ces deux frères qui furent les fondateurs de Rome. »

Cette érudition n'est propre qu'à refroidir le discours d'Inez. Ce passage est supprimé dans la traduction.

Voltaire a dit de cet épisode d'Inez « Qu'il y avait peu d'endroits dans Virgile plus attendrissants et mieux écrits. »

NOTES

DU CHANT QUATRIÈME.

(1) Il y a peu de harangues militaires plus éloquentes que celle d'Alvarès.

(2) J'ai retranché du beau récit de cette bataille d'Aljubarota la strophe XXXII qui interrompt par un mouvement froidement déclamatoire une narration animée :

Vaillant Sertorius, fameux Coriolan,
Qui de votre patrie avez percé le flanc,
Catilina, vous tous, dont la main sanguinaire
A vos concitoyens osa porter la guerre,
  Si dans les sombres lieux vous souffrez les tourments,
  De votre impiété trop justes châtiments,
Dites au noir Pluton que parmi leurs ancêtres
Les loyaux Portugais eurent aussi des traîtres.

(3) Le Dahra (l'ancienne Massylie) est traversé par sept montagnes qui offrent généralement le même aspect, et que les Portugais, pour cette raison, appelèrent les *sept monts frères*, *os montes sete irmaos*.

(4) Autant que possible, on a rejeté dans les notes ces parallèles pédantesques, trop fréquents dans Camoëns, en-

tre les héros portugais et les héros de l'antiquité. Il dit à l'occasion de la captivité de Fernand :

> Qu'on vante de Codrus le dévoûment sublime,
> Du loyal Régulus le trépas magnanime,
> Curtius s'élançant dans un gouffre sans fond,
> Et des grands Décius le sacré bataillon :
> Ces héros s'immolaient pour leur seule patrie,
> Fernand, pour le salut de toute l'Hespérie.

(5) « L'introduction de ce personnage qui annonce des malheurs est une idée heureuse; elle répand plus d'intérêt sur le voyage de Gama et de ses compagnons. En général, cette sinistre prophétie du vieillard, le départ de Gama pour les Indes, peint des couleurs les plus touchantes, l'apparition du Gange et de l'Indus sont des beautés poétiques qui honorent le génie du Camoëns. » (La Harpe.) Mickle, le traducteur anglais des *Lusiades*, s'exprime ainsi sur ces mêmes passages : « Cette imposante fiction du Gange et de l'Indus personnifiés, le discours d'Emmanuel à Gama, la réponse du héros, sont dignes des plus grands maîtres de l'art. L'enthousiasme des guerriers, la pieuse solennité qui accompagne leur départ, leur noble fermeté au moment de l'embarquement; le tableau des mères, des épouses, des amis, qui accourent désolés sur la plage, croyant voir pour la dernière fois ces hommes courageux, qu'ils regardaient comme des victimes de l'héroïsme et de l'amour de la patrie; l'indignation philosophique du vieillard qui prédit de lointains désastres et accuse l'ambition de tous les malheurs de l'humanité, enfin toute cette scène du départ est d'un pathétique, d'une magnificence qu'aucun des classiques n'a surpassés, et dont l'invention appartient tout entière à Camoëns. »

NOTES

DU CHANT CINQUIÈME.

(1) Ici se trouve supprimé un détail chronologique qu'il était difficile de rendre poétiquement :

> Cet astre dans les cieux, quinze cents fois moins trois,
> De son tour annuel avait suivi les lois,
> Depuis que, s'affaissant sous le temps qui l'altère,
> L'univers avait vu s'ouvrir la sixième ère.

(2) Les Gorgones, filles de Phorcus. Le texte les appelle *Les sœurs qui, étant privées de la vue, se servaient toutes trois d'un seul œil; Irmaas, que de vista total sendo privadas, todas tres d'hum só olho se serviam*. Nous n'avons pu songer à traduire cette périphrase.

(3) C'est cette réunion d'étoiles connue sous le nom de Constellation de la Croix, et qui est pour la navigation du sud ce que l'Ourse est pour la navigation du nord.

(4) « Les Portugais, ayant passé l'équateur, devaient voir décliner le pôle du nord et s'élever celui du sud. Les anciens, qui n'avaient pas étendu leur navigation au delà du tropique, ne perdaient jamais de vue l'étoile du nord qu'ils appelaient Calisto ou la grande Ourse; et de là les poètes ont feint que Junon avait obtenu de Téthys que jamais Calisto ne se plongerait dans la mer. » (Note de La Harpe.)

(5) La description des phénomènes exposés par Gama

nous a semblé devoir gagner à la suppression de cette réflexion assez commune qui s'y trouve intercalée :

> Le matelot inculte, en sa simple ignorance,
> Juge tout ce qu'il voit conforme à l'apparence,
> Et, sans approfondir le rapport de ses sens,
> Il les tient pour témoins fidèles et constants.
> Moins crédule, un esprit que le savoir éclaire
> De tous ces accidents pénètre le mystère.

La même raison a fait supprimer un peu plus bas, après la description de la trombe marine, les réflexions suivantes déplacées dans un récit :

> De ce grand phénomène où donc est l'origine ?
> Pour en sonder la cause et pour la concevoir,
> Superbe philosophe, épuise ton savoir.
> Sages des anciens jours, qui parcouriez la terre,
> Curieux des secrets que la nature enserre,
> Si, livrant votre voile à cent souffles divers,
> Vous aviez, comme moi, franchi les vastes mers,
> Combien vous nous auriez transmis de doctes pages
> Sur ces lieux inconnus, sur ces lointains rivages !
> Que de récits menteurs et de systèmes vains
> Eussent été par vous épargnés aux humains !

(6) Suivent dans le texte original quelques détails retranchés dans la traduction comme dénués de poësie et d'intérêt :

> De ces noirs vers la terre, objet de nos pensées,
> Les nacelles jamais ne s'étaient avancées.
> Ils ne donnent sur l'Inde aucun renseignement,
> Et n'en connaissent rien que son éloignement.
> Lorsque sur les vaisseaux est rentré l'équipage,
> Raillant de Velloso l'aventureux courage,
> Un des marins, moqueur et joyeux compagnon :
> « Notre ami, lui dit-il, monter là-haut est bon,

Je le crois, mais meilleur est encor d'en descendre. »
Le brave lui répond : « On voulait vous surprendre ;
Vers vous à pas pressés aussitôt j'ai couru ;
Car vous étiez sans moi ; je m'en suis souvenu. »
Il nous raconte alors sa course téméraire
Et le piége odieux du perfide insulaire,
Qui du creux des rochers voulait fondre sur nous,
Et piller nos vaisseaux et nous immoler tous.

(7) La muse épique n'a rien imaginé de plus beau que cette fiction d'Adamastor. L'effet en est cependant diminué par le récit de l'amour du géant pour la nymphe Thétis. On regrette aussi de trouver dans le discours d'Adamastor un trait aussi étrange que celui-ci : « Je suis ce grand cap, que vous autres nommez cap des Tourmentes, et *que jamais Ptolémée, Pomponius, Strabon, Pline, et aucun des anciens n'ont connu.* » Il est inutile de dire que j'ai retranché un trait d'érudition aussi mal placé.

(8) Il est question de *Thétis*, fille de Nérée, épouse de Pélée et mère d'Achille, qu'il ne faut pas confondre avec *Téthys*, épouse de Neptune, et fille de Cœlus et de Vesta.

(9) Passage retranché comme faible et languissant :

Le soleil, dans sa course immuable, éternelle,
Ramenait la journée auguste et solennelle,
Où trois rois d'Orient par un culte nouveau
Vinrent du roi des rois consacrer le berceau.
A la côte des noirs nous abordons encore,
Dans le *Fleuve des Rois* ; de ce nom je l'honore
En mémoire du jour à jamais révéré
Qui sur ces bords lointains fut par nous célébré.
Le fleuve nous prodigue une onde salutaire ;
Nous chargeons nos vaisseaux des trésors de la terre ;
Mais du peuple, qu'en vain je veux interroger,
Nous ne comprenons pas le langage étranger.

> Ainsi nous parcourions ces immenses rivages
> Sans pouvoir recueillir sur ces barbares plages
> Aucune notion des bords orientaux,
> Des lieux tant désirés que cherchaient nos vaisseaux.

(10) Autre passage retranché, comme le précédent, pour abréger cette partie du récit de Gama qui ressemble parfois à une gazette de voyage :

> Ce pays prend le nom du céleste génie
> Par qui chez Gabelus fut introduit Tobie.
> Cependant nos marins, prêts à fendre les eaux,
> En attendant les vents, nettoyaient leurs vaisseaux
> Des végétaux fangeux, des impurs coquillages
> Dont leurs flancs sont couverts après de longs voyages,
> Tandis que de ces bords les peuples doux et bons
> Venaient d'un air joyeux nous présenter leurs dons.

NOTES

DU CHANT SIXIÈME.

(1) Si les détails mythologiques qui composent une partie de ce chant ne sont point de l'essence d'un sujet moderne et chrétien, ils sont du moins riches de couleur, à l'exception toutefois de cette octave où l'auteur charge le portrait de Triton d'ornements plus bizarres que poétiques :

> O corpo nu, e os membros genitais,
> Por nao ter ao nadar impedimento,
> Mas porém de pequenos animais
> Do mar, todos cobertos cento e cento :
> Camaroes, e cangrejos, e outros mais
> Que recebem de Phebe crescimento ;

Ostras, e breguigoes do musco sujos;
As costas com a casca os caramujos.

« Son corps est nu, ainsi que ses parties génitales, afin qu'il puisse nager sans empêchement ; ils sont cependant couverts de petits animaux marins qui s'y attachent par centaines ; des chevrettes, des crabes, et autres mollusques qui doivent à Phébé leur croissance, des huîtres, des pétoncles couverts d'une mousse fangeuse, des limaçons de mer avec leur coquille sont fixés à ses flancs. » La versification française repousse une telle description.

(2) L'épisode des *douze chevaliers*, que M. de Souza considère comme un chef-d'œuvre de romantisme, jette dans ce chant une agréable diversité.

L'histoire a conservé les noms de ces douze champions de la beauté offensée ; ce sont Alvaro d'Almada, Lopo Fernandès et Joao Fernandès Pacheco, Pedro Homem da Costa, Joao Pereira, Luiz Gonsalvès Malafaya, Alvaro Mendès Cerveira, Ruy Mendès Cerveira, Ruy Gomès da Silva, Soeiro da Costa, Martin Lopès de Azevedo, et Alvaro Gonsalvès Coutinho, surnommé Magriço (de *magro*, maigre).

(3) Peut-être Camoëns aurait-il dû terminer là le récit de Velloso, et ne point ajouter les deux octaves suivantes que j'ai supprimées, à tort ou à raison, comme nuisant à l'unité et à l'effet du récit :

« On dit que le grand Magrice, toujours désireux de grandes aventures, se fixa en Flandre, où il rendit un signalé service à la comtesse Isabelle, alors que, comme un guerrier accoutumé à braver tous les périls de Mars, il tua en champ clos un Français, qui trouva en ce lieu le destin de Torquatus et de Corvinus.

« Un autre des douze se lance aussi en Allemagne et porte un superbe défi à un Germain trompeur qui, par une ruse déloyale, voulut lui arracher la vie... » Ainsi contait Velloso, et la compagnie le priait de ne pas s'écarter ainsi de l'aventure de Magrice et de sa victoire, sans toutefois perdre de vue le héros d'Allemagne. »

NOTES

DU CHANT SEPTIÈME.

(1) Henri VIII.

(2) Cette apostrophe s'adresse à François I.

(3) Il est inutile de faire remarquer l'éloquence qui anime cette allocution de Camoëns aux différents peuples de l'Europe et aux Portugais.

(4) M. Sismondi reproche à Camoëns de décrire la presqu'île occidentale de l'Inde, la côte de Malabar et la ville de Calicut plutôt en géographe qu'en poète ou en peintre. M. de Souza voit, au contraire, dans cette description un tableau intéressant où la poésie prête ses plus vives couleurs à la vérité historique. Il y a un milieu à prendre entre ces deux opinions.

(5) Canacée, fille d'Éole, s'étant unie, par un hymen incestueux à Macarée, son frère, Éole, instruit de son crime, lui envoya un poignard, avec ordre de se punir elle-même. Ovide la représente écrivant à Macarée, et tenant de la main gauche le poignard dont elle va se frapper :

Dextra tenet calamum, strictum tenet altera ferrum.

(6) L'épilogue de ce chant n'est pas moins éloquent que l'introduction.

NOTES

DU CHANT HUITIÈME.

(1) « Camoëns, dit M. de La Harpe, suit toujours le projet de faire entrer dans son poëme toute l'histoire de son pays, et ce projet avait des avantages. Mais il y a bien peu d'adresse à placer sur des tapis et sur des bannières de vaisseaux une foule d'événements historiques qui ne doivent pas exciter beaucoup la curiosité d'un Malabare... De plus, l'explication que le poète met dans la bouche de Paul de Gama n'est qu'un narré fort prolixe de choses qu'il a déjà dites, du moins en partie, et dans lequel rien ne frappe, n'émeut ni n'étonne le lecteur. » Écoutons maintenant M. de Souza : « A l'aspect des bannières où sont représentées les actions d'éclat des grands hommes du Portugal, le Catual demande l'explication des figures : ce qui fournit naturellement à Paul de Gama l'occasion de louer les héros de sa patrie devant le ministre de Malabar, comme l'a fait Vasco de Gama devant le roi de Mélinde. Tous les tableaux de cette brillante galerie sont dessinés de cette manière large qui distingue les grands peintres, etc. » Le récit de Paul de Gama est loin d'être un narré prolixe ; on pourrait même lui reprocher de n'être qu'un résumé sommaire de faits qui, pour avoir de l'intérêt, demanderaient à être développés ; mais ce résumé, sans avoir tout l'éclat qu'y trouve M. de Souza, n'est pas dépourvu de coloris poéti-

que; son vrai et incontestable défaut, c'est d'offrir, *au moins en partie*, la répétition *de choses déjà dites*, et de reproduire *devant le ministre de Malabar* l'éloge des héros portugais déjà loués par Vasco de Gama *devant le roi de Mélinde*. Quant à ces héros caractérisés successivement en quelques vers où, selon La Harpe, rien ne frappe, n'émeut ni n'étonne, ils ne peuvent réellement, selon la remarque de M. de Sismondi, avoir de l'intérêt pour le lecteur qu'autant que celui-ci a déjà une connaissance approfondie de l'histoire et des fables du Portugal.

(2) On a retranché du texte ce rapprochement entre Égas et Posthumius :

> Égas fut-il moins grand que ce consul antique
> Qui, venant de passer sous le joug samnitique,
> Alla, pour conserver l'honneur de son pays,
> Se livrer noblement aux mains des ennemis ?
> Au péril où sa faute avait mis sa patrie
> Jadis Posthumius n'immola que sa vie ;
> Égas avec ses fils, avec leur mère, hélas !
> Pour le crime d'autrui se dévoue au trépas.

(3) On a retranché cet autre rapprochement entre Alvarès et Numa :

> Tel jadis, prévenu qu'en ses champs envahis
> Rome, voyant flotter les drapeaux ennemis,
> Réclame son secours et sa main protectrice :
> « Laissez-moi, dit Numa, finir mon sacrifice. »

Et, un peu plus bas, ce passage qui attribue à Landroal un exploit trop insignifiant pour trouver place dans un poëme épique :

> ..... Avec peu de soldats
> Sur les chefs ennemis il s'élance, et son bras

Dont en vain les plus fiers affrontent la menace,
Leur ravit les troupeaux qu'enleva leur audace.

(4) Quoique les reproches adressés par Camoëns aux Portugais dans les dernières strophes du récit de Paul de Gama, soient exprimés en beaux vers, on ne peut disconvenir que le narrateur n'aille en cet endroit contre son but, qui est d'inspirer au Catual le respect du nom lusitanien. Le lecteur jugera si on a eu raison de les renvoyer dans ces notes :

Combien d'autres encore orneraient ces tableaux !
Mais le peintre a manqué de couleurs, de pinceaux,
Ou plutôt des honneurs, aiguillon nécessaire
Sans lequel le talent s'affaisse et dégénère.
Indignes héritiers des héros d'autrefois,
Qui des arts gémissants méconnaissez la voix,
La faute en est à vous, à vous dont l'opulence
Languit dans une molle et honteuse indolence.
Sur la seule vertu vos pères généreux
Appuyaient leur noblesse et leurs titres fameux.
De la même vertu, dont leur gloire est l'ouvrage,
Ils voulaient à leurs fils transmettre l'héritage.
Aveugles qu'ils étaient ! leurs illustres labeurs
Ont fait à leurs enfants des loisirs corrupteurs,
Et plus leur nom grandit, plus leur mérite brille,
Plus la honte s'étend sur leur lâche famille.
A leur place aujourd'hui des hommes sans aïeux
Sur la scène du monde étalent à nos yeux
Les titres éclatants, les grandeurs, la richesse :
La faute en est aux rois, dont l'indigne faiblesse
Prodigue à la faveur le prix de la vertu.
Sous le poids du mépris le mérite abattu
Voit ces hommes d'hier ravir sa récompense.
Tous ces vils favoris d'une aveugle puissance
A de libres pinceaux n'oseraient demander
Des portraits que leurs yeux craindraient de regarder.

Il est encore, au sein de cette ignominie,
Des cœurs nobles et grands dans la Lusitanie ;
Il est des chevaliers dignes des anciens temps,
Et qui ne manquent pas à leurs noms éclatants.
S'ils n'en ont point accru l'honneur héréditaire,
Du moins, comme un fidèle et bon dépositaire,
Ils l'ont conservé pur ; mais ces fils de Lusus
S'offrent en petit nombre à nos pinceaux déçus.

(4) Il est permis au poëte épique de jeter quelques réflexions au milieu de son récit ; mais il doit en être sobre. Camoëns oublie ce principe, lorsqu'à la moralité que j'ai conservée dans le texte, et que sa brièveté peut faire excuser, il ajoute :

Toutefois, désirant la vertu la plus pure,
N'appelez point à vous ceux dont la vile bure
Couvre la pauvreté ; sous le manteau des saints
L'ambition parfois a caché ses desseins.
D'ailleurs, quand de Dieu seul une âme est occupée,
Sa candeur par le siècle est aisément trompée.
Sa pieuse innocence, en sa simplicité,
Connaît mal les humains et leur perversité.

(5) La vivacité du récit m'a semblé devoir gagner à la suppression du passage suivant :

Que le prince à ses vœux soit favorable ou non,
L'Inde assure à jamais la gloire de son nom,
Et ce monde nouveau de la Lusitanie
En vain repousserait l'invincible génie ;
Du grand Emmanuel le sceptre souverain
Bientôt asservirait l'orgueil du Zamorin.
Cependant de Gama la sagesse préfère
La concorde à la haine et la paix à la guerre.
Mais à tant de délais il reconnaît trop bien
Les projets mal couverts du perfide Indien ;

Du Maure il reconnaît le jaloux artifice
Et veut du roi crédule éclairer la justice.

(6) Constellations méridionales qui dominent la Nigritie, le cap Verd et la Guinée.

(7) « Le tableau des intrigues des cours, dit M. de Souza, la prudence avec laquelle le héros principal du poëme surmonte des difficultés sans cesse renaissantes, sa harangue au Samorin, sont dignes de fixer l'attention de tous les hommes d'état. Ce huitième chant nous représente à nu le caractère et le manége d'un ministre avare et corrompu, l'ambition, la soif de l'or et la bassesse des courtisans; c'est un véritable manuel d'instruction politique. » Ce chant se recommande en effet par le mérite de la vérité historique, mais l'histoire n'y est peut-être pas, en général, assez ornée par la poésie; Sismondi y voudrait avec raison, ce semble, *plus de couleurs locales, plus de charme oriental*, etc.

NOTES

DU CHANT NEUVIÈME.

(1) Le morceau suivant, où l'auteur fait allusion au goût du roi Sébastien pour la chasse, et invective contre ses favoris, m'a paru maladroitement jeté au milieu des gracieuses descriptions de l'île enchantée. Je l'ai retranché pour cette raison :

Il (l'Amour) voit un Actéon, de mouvement avide,
Qui, poursuivant le cerf ou la biche rapide,
Néglige les attraits qui brillent dans sa cour.
Vénus l'en punira : moins sauvage à son tour,

Il aimera des bois la fière souveraine,
Sans pouvoir triompher de sa beauté hautaine.
Trop heureux s'il échappe à tous ces favoris
Dont la meute sans fin l'assiége de ses cris!
Tous ces vils courtisans dans leur âme flétrie
N'ont aucun sentiment qui soit pour la patrie.
Leur ignoble égoïsme est leur unique loi.
Si leur foule se presse à l'entour de leur roi,
C'est pour détruire en lui ses instincts magnanimes,
Et pour l'empoisonner de leurs fausses maximes.
Un jeune et bel épi commençait à fleurir ;
Par l'ivraie étouffé, bientôt il va périr.
Ces hommes qui devaient, ministres de clémence,
Leur tendresse au malheur, leurs soins à l'indigence,
Amour ne voit en eux, sous leur austérité,
Que la soif des grandeurs et la cupidité.
Lâches et vils tyrans, d'un masque de justice
Ils couvrent les fureurs de leur sombre avarice ;
Mais c'est le peuple seul que menace leur voix
Et leur feinte équité se tait aux pieds des rois.

(2) Cet autre passage, qui ne va point directement au but du récit et dont quelques détails sont d'ailleurs un peu subtils, m'a paru aussi devoir être écarté :

Les plus jeunes archers, essayant leur adresse,
Perçaient des cœurs fermés encore à la tendresse.
Des nymphes, s'élançant au secours des blessés,
Les entouraient soudain de leurs soins empressés.
Imprudentes, fuyez! Redoutez la piqûre
Du fer dont votre main veut guérir la blessure.

Toutes n'ont pas le don de conquérir les cœurs
Dont leur pitié s'essaie à calmer les douleurs ;
Car devant la laideur fuit le dieu de Cythère :
Tel un poison chassé par un poison contraire.
Mais quelquefois aussi, redoutables Circés,

Elles tiennent les cœurs dans leurs fers enlacés,
Et, sous l'appât trompeur d'un magique breuvage,
Avec la guérison leur portent l'esclavage.
Tous ces traits, que d'un bras encor faible, incertain,
Lance de ces Amours le pétulant essaim,
Engendrent dans les cœurs atteints de leur blessure
Ces bizarres penchants dont frémit la nature;
Témoins Myrrha, Biblis, et ces coupables feux
Dont brûla pour Thamar un frère incestueux.
Ils produisent aussi ces amours inégales
Qui placent l'humble esclave en des couches royales.
Superbes potentats, c'est par eux que parfois
Une pauvre bergère a fixé votre choix.
C'est par eux que souvent, grandes et nobles dames,
Une obscure tendresse a subjugué vos âmes,
Et que, pour assouvir votre impudique ardeur,
Vous avez méconnu rang, naissance et pudeur.

(3) Il m'a semblé que la plainte de Léonard poursuivant Éphyre était un peu longue. Je l'ai abrégée par le retranchement du passage suivant :

Si le mauvais génie à me nuire obstiné
T'a dit de Léonard le nom infortuné,
Garde-toi de le croire, ô doux objet que j'aime !
Il te trompe, et cent fois il m'a trompé moi-même.
Ne fuis plus.... Si mes feux t'inspirent de l'effroi,
Souviens-toi du destin appesanti sur moi;
Que ton cœur se rassure en songeant aux barrières
Qui s'offriraient soudain à mes vœux téméraires.
Quand, prêt à me combler de ses plus doux trésors,
L'Amour m'inviterait aux plus hardis transports,
Entre l'Amour et moi mon destin misérable
Élèverait un mur jaloux, inexpugnable.

NOTES

DU CHANT DIXIÈME.

(1) « Des femmes indiennes, dit Osorius, qu'Albuquerque faisait garder avec beaucoup de soin, soit qu'il les destinât à la reine Marie (car elles étaient d'une extrême beauté), soit qu'il projetât, après les avoir fait initier aux mystères du christianisme, de les marier à des Portugais, devinrent l'objet d'une passion criminelle de la part de quelques-uns de ses officiers. Excités et conduits par un certain Ruy-Diaz, amant favorisé d'une de ces femmes, ils se rendaient secrètement pendant la nuit au vaisseau où elles étaient gardées. Le général, informé de cette infraction à ses ordres, fit pendre Ruy-Diaz et emprisonner ses compagnons, etc. » C'est ce fait qui a inspiré à Camoëns sur la rigueur d'Albuquerque des réflexions qui m'ont semblé trop froides pour être conservées dans le texte :

> Albuquerque, la nymphe en des stances nouvelles
> S'apprêtait à chanter tes palmes immortelles ;
> Mais elle se souvient d'un acte de rigueur
> Qui de ton nom fameux a terni la splendeur.
> L'illustre capitaine à qui le sort dispense,
> Après de grands travaux, la gloire en récompense,
> Doit pour ses compagnons être indulgent et doux,
> Non d'un juge implacable affecter le courroux.
> Quand il voit ses guerriers toujours prêts sans murmure
> A revêtir le fer de leur pesante armure,
> A braver la rigueur des saisons, des climats,
> Les tourments de la faim, les hasards des combats,

C'est une cruauté révoltante et sauvage ;
Du suprême pouvoir c'est un horrible usage ;
Que de verser leur sang pour une erreur d'un jour,
Excusable faiblesse où les poussa l'amour.
Leur crime était-il donc l'adultère ou l'inceste ?
Leur délire avait-il d'une vierge modeste
Outragé les attraits ? Non, mais à ces soldats
De lascives beautés prodiguaient leurs appas.
Que des transports jaloux ou la pudeur austère,
Ou ses ordres enfreints aient ému sa colère,
Albuquerque à jamais par cette cruauté
A flétri son grand nom dans la postérité.
Apelle d'Alexandre adora la maîtresse ;
Le héros accorda Campaspe à sa tendresse ;
Pourtant par nul exploit il n'avait mérité
L'inestimable don d'une telle beauté.
Araspe de Cyrus éprouva-t-il la haine ?
Le généreux Persan lui pardonna sans peine
La flamme que Panthée alluma dans son cœur,
Et l'oubli d'un serment dont l'amour fut vainqueur.
Baudouin d'un monarque ose ravir la fille.
Charles, qui peut venger l'honneur de sa famille,
En faveur de l'amour abjure son courroux,
Et de Judith pour gendre il reconnaît l'époux.

(2) « Dans toute cette description des corps célestes, de leur disposition et de leurs mouvements, Camoëns a suivi l'ancien système des péripatéticiens, qui admettaient onze globes et la terre au milieu. Le dixième ciel, qu'ils appelaient le premier mobile, tournait sans cesse d'orient en occident, et entraînait dans son meuvement tous les autres cieux. Camoëns n'a pas besoin qu'on le justifie d'avoir ignoré, avec toute la terre, les vérités éternelles que Newton nous a depuis enseignées. » (La Harpe.)

(3) « Voici l'endroit des Lusiades où le genre de merveilleux adopté par Camoëns paraît être le plus en contra-

diction avec le fond du sujet. Le poète, pour couper l'uniformité des descriptions géographiques, introduit le récit épisodique du martyre de saint Thomas; mais il met ce récit dans la bouche de Téthys. Téthys et saint Thomas! quel rapprochement ! » (Note de Millié.) C'est cette inconvenance qui a fait renvoyer dans les notes cet épisode :

> Vois les champs de Narzingue : en ces lointains climats
> Dorment les ossements de l'apôtre Thomas.
> Là, de Méliapor, dans les siècles antiques,
> S'élevaient près des flots les remparts magnifiques.
> Le temps vint où la foi de son sacré flambeau
> Sur le monde étonné versa l'éclat nouveau.
> En mille régions de cette foi divine
> Thomas avait déjà répandu la doctrine.
> Jusqu'aux murs de Narzingue il vole : ses accents
> Rappelaient la santé dans les corps languissants,
> Rendaient la vie aux morts, lorsqu'un jour vers la grève
> Roule un énorme tronc que la vague soulève.
> Le roi, qui fait construire un pompeux bâtiment,
> L'y destine aussitôt; mais inutilement
> Les hommes, les leviers, que l'éléphant seconde,
> Unissent leurs efforts pour le tirer de l'onde.
> Il reste inébranlable à ce grand mouvement ;
> Mais l'envoyé du ciel triomphe en un moment.
> A ce tronc colossal d'une main ferme et sûre
> Attachant le cordon qui lui sert de ceinture,
> De la mer sur la plage il a traîné soudain
> La masse obéissante à son pouvoir divin
> Jusqu'au lieu qui verra resplendir d'âge en âge
> Le temple, de son zèle immortel témoignage.
> Il savait que la foi peut transporter les monts ;
> Ainsi du fils de Dieu l'enseignent les leçons
> Que confirme en ce jour cette preuve éclatante.
> L'étonnement saisit la foule palpitante.
> Les Brames, de Thomas voyant la sainteté,
> Commencent à trembler pour leur autorité.

Ces prêtres des Gentils dans leur âme hautaine
Ont senti s'allumer tous les feux de la haine.
De l'apôtre chrétien par d'infâmes détours
Ils entravent la marche ou menacent les jours.
Leur chef qui dans son cœur rempli d'hypocrisie
Nourrit une implacable et sombre jalousie,
Par un crime effroyable aux plus noirs assassins
Prépare le succès de ses affreux desseins.
Du meurtre de son fils dont, en sa rage impie,
Lui-même, lui, son père, il a tranché la vie,
Des témoins subornés ont accusé Thomas
Qu'un prompt arrêt condamne à subir le trépas.
En ce péril pressant, fort de son innocence,
Le saint du Tout-Puissant invoque l'assistance,
Et veut par un miracle au monde épouvanté
Montrer dans tout son jour l'horrible vérité.
« Qu'on apporte, dit-il, le corps de la victime,
Et si ce froid cadavre à ma voix se ranime,
S'il vous nomme la main qui le perça de coups,
Roi de Narzingue, et toi, peuple, l'en croirez-vous? »
On apporte l'enfant; il revoit la lumière.
« Nomme ton assassin.—Le voilà; c'est mon père. »
Le monarque, frappé de pieuses terreurs,
De son idolâtrie abjure les erreurs ;
Sur son front a coulé l'eau sainte du baptême;
Ses sujets, imitant son exemple suprême,
En foule ouvrent les yeux au céleste flambeau.
De l'apôtre chrétien l'un baise le manteau,
Du Seigneur des Seigneurs l'autre chante la gloire.
Les Brames, frémissant de l'insigne victoire
Que vient de remporter sur leur culte menteur
De l'unique et vrai Dieu le saint adorateur,
Ameutent contre lui par leurs sourdes pratiques
Des peuples égarés les fureurs fanatiques.
Son heure était venue; un trépas glorieux
A l'apôtre martyr allait ouvrir les cieux.
Un jour qu'avec ferveur il prêchait l'infidèle,

De pierres, de cailloux sur lui fond une grêle,
Et, de son sang avide, un farouche assassin
Le frappe de sa lance et lui perce le sein.
Du Gange et de l'Indus le deuil inconsolable
Pleura, noble martyr, ton trépas lamentable;
Tu fus pleuré surtout de ces chrétiens nouveaux
Que le Christ par ta voix rangea sous ses drapeaux.
Mais, quand au sein de Dieu monta ton âme pure,
Le ciel fit d'allégresse entendre un doux murmure.
Sois auprès du Seigneur l'appui des Portugais,
Et toujours sur ton peuple attire ses bienfaits.
Vous qui, comme Thomas, prétendez sur la terre
D'envoyés du Très-Haut remplir le ministère,
Si le ciel, en effet, vous choisit entre tous,
A propager la foi que ne travaillez-vous ?
Que n'allez-vous au loin, guidés par votre zèle,
Annoncer aux Gentils la parole éternelle;
Ou contre l'hérésie et ses noirs attentats
Que n'entreprenez-vous de généreux combats ?

(4) « Camoëns, toujours intéressant quand il parle de lui-même, trouve ici une occasion fort heureuse de rappeler son naufrage sur les côtes de Camboge, lorsqu'il revint de la Chine, où il avait été exilé par le vice-roi des Indes. » (La Harpe.)

FIN DES NOTES.

AVALLON, IMPRIMERIE DE HERLOBIG.

www.ingramcontent.com/pod-product-compliance
Lightning Source LLC
Chambersburg PA
CBHW071143160426
43196CB00011B/1990